Bill Hybels
Was Familien stark macht

Bill Hybels

Was Familien stark macht

R. BROCKHAUS VERLAG WUPPERTAL

ABCteam-Bücher erscheinen in folgenden Verlagen:

Aussaat Verlag Neukirchen-Vluyn
R. Brockhaus Verlag Wuppertal
Brunnen Verlag Gießen und Basel
Christliches Verlagshaus Stuttgart
Oncken Verlag Wuppertal und Kassel

Der Text geht auf Predigten zurück, die Bill Hybels in den Jahren 1990 bis 1997 in der Willow Creek Community, Chicago, gehalten hat. Sie wurden für die Buchausgabe überarbeitet.

Deutsch von Anne Strauch

Umschlaggestaltung: Dietmar Reichert, Dormagen
Umschlagfoto: Wartenberg – ZEFA, Düsseldorf
Gesamtherstellung: Breklumer Druckerei Manfred Siegel KG
ISBN 3-417-11255-9
Bestell-Nr. 111 255

Inhalt

VORWORT

Aus dem Gröbsten ist Bill Hybels inzwischen raus: Seine beiden Kinder haben das Haus zum Studium verlassen, seine Tochter hat inzwischen geheiratet: Die Zeit der aktiven Erziehung ist für den Pastor aus Chicago und seine Frau Lynne wohl endgültig Vergangenheit ...

Seine Erfahrungen aus zwei Jahrzehnten Erziehung und Familienleben hat er in einer Predigtserie zusammengefasst, die Grundlage für dieses Buch ist. Gehalten wurden die Ansprachen in der Willow Creek Community Church von Chicago, einer der größten und vitalsten Gemeinden der Welt. Fast 20.000 Besucher finden sich hier Woche für Woche zu Gottesdiensten, Kleingruppen und Diensttreffen ein.

Doch es ist nicht in erster Linie die Größe der Gemeinde, die die Willow-Mitglieder und Besucher aus aller Welt fasziniert. Mehr noch begeistert – zumindest mich – etwas anderes: das engagierte Ringen von Bill Hybels und den anderen Mitarbeitern, Gottes gute Absichten mit den ganz realen Herausforderungen des Alltags zusammenzubringen. Und mit Blick auf beide Wirklichkeiten zugleich sehr ernsthaft und doch unverkrampft und locker zu leben.

An kaum einer Stelle wird dieses Spannungsfeld so deutlich wie beim Thema dieses Buches. Denn Familie ist ein wunderbares Geschenk von Gott. In ihr finden wir oft die Höhepunkte unseres Lebens. Aber Familie ist nicht nur beglückend und kuschelig, sondern zugleich für alle Beteiligten eine echte Herausforderung. In ihr wird gestritten, in ihr finden Verletzungen statt. Familie ist gefährdet und droht nicht selten zu zerbrechen.

Bill Hybels scheut sich nicht davor, die ganze Palette der positiven und negativen Erfahrungen rund um das Thema Familie zu formulieren.

Mit einer bemerkenswerten Offenheit schreibt er dabei auch über seine eigene Ehe, seine Erziehungsversuche, seine Freuden und seine Begrenzungen. Dadurch ist das Geschriebene lebendig, nah am Leben – und in den Erlebnissen mit seinen Kindern ist der Autor oft selbst der Versagende und Lernende. Am Ende ist der Tenor dieses Buches vermutlich eine Grunderfahrung vieler Leser: Nichts ist so schön, nichts ist so schwierig wie Familie!

Aber Bill Hybels geht noch einen Schritt weiter. Er vergleicht die anstrengenden Jahre zwischen 25 und 45, in denen im Beruf, in der Familie und in der Kindererziehung so vieles verlangt wird, mit der Zeit über einem Bunsenbrenner: Es wird richtig heiß, alles droht auseinander zu fliegen! Aber wie in der Chemie nur in der absoluten Hitze des Bunsenbrenners manch neues Medikament entstehen kann, so wächst auch in der Familie Neues gerade aus den »heißesten« Phasen. Bill Hybels schreibt dazu: »Ich bin überzeugt, dass es eine Art von Wachstum gibt, die nur in solchen herausfordernden Lebensphasen geschehen kann!« Dieser Vergleich ist mir nach dem Lesen des Buches nachgegangen, auch weil er Erfahrungen aus meinem Leben abdeckt.

Ich wünsche Ihnen beim Lesen des Buches nicht nur viel Spaß (den werden Sie auch haben, weil es ungeheuer humorvoll geschrieben ist ...), sondern darüber hinaus wegweisende Anstöße für Ihre eigene Familie. Und sollten Sie das Gefühl haben, gerade selbst über dem Bunsenbrenner zu hängen, fangen Sie bitte auf Seite 60 zu lesen an!

Martin Gundlach,
Chefredakteur der Zeitschrift FAMILY,
im Januar 2002

Woran erkenne ich eine gesunde Familie?

Manchmal nehme ich Freunde zum Segeln mit. Unser Boot verlässt den Hafen, die Segel straffen sich und das Boot fängt an, in der rauen See auf den Wellen zu schaukeln. Ich bin glücklich und sage mir: »Das ist Leben pur!« Und dann schaue ich meine Freunde an, die das erste Mal auf einem Segelboot sind: Grün im Gesicht und mit weit aufgerissenen Augen fragen sie sich, ob sich ihre Lebensversicherung nun bezahlt macht. »Oh, entschuldigt«, sage ich dann meistens, »ich habe vergessen, euch zu sagen, dass das immer so ist. Segelboote von dieser Größe hüpfen wie Nussschalen auf dem Wasser. Keine Sorge. Ihr könnt euch entspannen. Das ist ganz normal.«

Das Leben kann ziemlich beängstigend sein, wenn man keine Maßstäbe dafür hat, was normal ist. Die meisten Autos zum Beispiel haben zwar eine Temperaturanzeige, aber woher soll der Laie wissen, was normal ist? Wenn die Temperatur bei 80 °C liegt, ist das dann gut oder schlecht? Also haben die meisten Autos inzwischen Anzeigen, aus denen ersichtlich wird, ob noch alles in Ordnung ist: Befindet sich die Nadel im grünen Bereich, brauchen wir uns nicht zu sorgen. Das macht für Ottonormalverbraucher einiges einfacher!

Anders als beim Autofahren brauchen wir keinen Führerschein, um eine Familie zu gründen. Die wenigsten Menschen besuchen irgendwelche Vorbereitungskurse. Woher sollen wir wissen, was für gesunde Familien normal ist und was nicht? Wie können wir herausfinden, ob die Familie, in der wir aufgewachsen sind, eine gesunde Familie war und darum als Vorbild für die Familie dienen kann, die wir selbst gründen? – Ich habe in den letzten Jahren viele Bücher zu diesem Thema gelesen, mit Menschen gesprochen und Seelsorger um ihren Rat gefragt. Mir sind dabei zehn Punkte aufgefallen, die ich für wesentlich halte, wenn wir herausfinden wollen, ob eine Familie normal und gesund ist. Manche dieser Eigenschaften will ich nur kurz beschreiben, auf andere werde ich ausführlicher eingehen. Außerdem ist diese Liste sicher ergänzungswürdig. Aber für einen ersten »TÜV« mag sie reichen.

1. *Man erkennt eine gesunde Familie daran, dass die Familienmitglieder einander uneingeschränkt lieben.*

Weder am Arbeitsplatz, noch im Sportverein oder in der Schule wird man eine so umfassende Liebe und Unterstützung füreinander finden wie in gesunden Familien. Menschen außerhalb dieser Familien können sich manchmal nur wundern! Es ist eine Liebe, die wir nicht erklären, sondern nur erfahren können. Denken wir zum Beispiel an die Liebe eines staunenden Vaters, der sein neugeborenes Kind auf dem Arm hält und innerlich spürt, dass er alles für dieses Kind tun wird, damit es ein glückliches Leben führen kann. Es ist eine Liebe, die nicht nach Leistung fragt, sondern den Menschen um seiner selbst willen liebt, versorgt und in seinem gottgegebenen Wert bestätigt.

2. *Menschen, die einander aufrichtig lieben, reden miteinander.*

Das ist der zweite Charakterzug einer gesunden Familie: eine offene und ehrliche Kommunikation. In der Bibel finden wir den Hinweis, dass Liebe und Wahrheit immer zusammengehören: »Vielmehr stehen wir fest zu der Wahrheit ... und halten in Liebe zusammen« (Epheser 4,15). Die Beziehung, die das Muster für die Kommunikation in der Familie vorgibt, ist die Beziehung der Ehepartner. Wenn

Mutter und Vater sich im Gespräch miteinander offen und verletzlich geben können, wenn sie einander zuhören und wenn sie schwierige Dinge ehrlich und doch liebend sagen können, dann ist die Wahrscheinlichkeit groß, dass die restlichen Familienmitglieder diese Art der Kommunikation für sich übernehmen.

Vor vielen Jahren war ich Leiter einer christlichen Jugendgruppe. Normalerweise waren wir gegen 21 Uhr mit dem Programm fertig. Meistens blieben die Jugendlichen aber noch bis Mitternacht, weil sie von ihren Problemen in der Schule und in der Familie erzählen wollten. Hin und wieder fragte ich einen der Jugendlichen: »Meinst du, du könntest darüber mit deinen Eltern reden?« Die Antwort war immer: »Ich hab's versucht. Aber mein Vater ist meistens unterwegs, und meine Mutter hört nicht richtig zu.« Oder: »Das würde ich ja gern, aber immer wenn ich einen Anlauf dazu nehme, regen meine Eltern sich auf und beenden das Gespräch.« Oder: »Ich versuche es. Aber sie hören nicht zu. Sie hören einfach nicht zu.«

Viel zu wenig Menschen haben erlebt, dass in ihrer Familie ehrliche Gespräche möglich waren. Vor einigen Jahren traf ich eine erwachsene Frau, die mir Folgendes erzählte: »Ich kann mit meinem Vater nur per Fax kommunizieren. Wenn ich versuche, direkt mit ihm zu reden, wird er wütend und explodiert.« Also schreibt sie ihm alles per Fax. Ich habe mir damals, als ich mit den Jugendlichen arbeitete, geschworen, dass ich für meine Kinder immer da sein würde. Mir sollte es nicht passieren, dass ich nicht zuhöre und meine Kinder zu anderen Leuten gehen müssen, um Hilfe zu finden!

Einige Jahre später hatte ich Kinder. Meine Tochter Shauna fragte mich eines Tages: »Papa, kann ich mal mit dir reden?« Ich war im Stress und antwortete: »Okay, aber versuch's kurz zu machen. Ich hab gerade echt keine

Zeit.« Shauna antwortete daraufhin: »Nein danke, Papa, ich warte lieber, bis du Zeit hast, um mir wirklich zuzuhören.« Diese Antwort werde ich niemals vergessen. Sie traf mich mitten ins Herz!

Wir brauchen Kraft und Zeit, um einander zuzuhören. Gesunde Familien versuchen, Gelegenheiten zu schaffen, in denen echte Kommunikation möglich ist, wo sie einander wirklich zuhören und sich ernsthaft für die Gefühle und Gedanken der anderen Familienmitglieder interessieren. Dies kann zum Beispiel beim Abendbrot geschehen oder beim gemütlichen Sonntagsfrühstück. Oder vor dem Zubettgehen. Oder bei einem Familienabend, der einmal im Monat stattfindet.

3. *In einer gesunden Familie wird jedes einzelne Familienmitglied als wertvoll und einzigartig anerkannt.*

Gott muss Sinn für Humor haben – anders kann ich mir nicht erklären, warum fast in jeder Familie völlig gegensätzliche Charaktere zu finden sind! Vor einiger Zeit überlegten wir als Familie, wohin wir in den Weihnachtsferien fahren könnten. Todd wollte Snowboard fahren, Shauna in die Sonne, Lynne wollte am liebsten in eine einsame Hütte im Wald, und ich wollte ein Boot mieten. Wir saßen lange zusammen und diskutierten: »Ich höre immer nur Schnee, Schnee, Schnee, Todd.« – »Mama, was sollen wir vier denn in einer einsamen Hütte?« – »Papa, kauf dir eine Segel-Zeitschrift und sei zufrieden.« Schließlich einigten wir uns darauf, Ski fahren zu gehen. Wir hatten eine Woche lang Frost und Sonne, und alle waren schlussendlich ganz begeistert.

Diese Unterschiedlichkeit der Charaktere zeigt sich in jedem Lebensbereich. Schon die Entscheidung, was wir essen oder welches Fernsehprogramm wir einschalten, ist fast unmöglich zu treffen! Manchmal ist es schwer, nicht die Geduld zu verlieren. Und doch macht Gott es in der Bibel ganz deutlich, dass er jedes einzelne Geschöpf, jeden Menschen als Unikat schätzt. Gott freut sich an der Vielfalt des Lebens! Er liebt Unterschiede!

In gesunden Familien gibt es auch keine schwarzen Schafe. Alle Familienmitglieder fördern sich gegenseitig in ihrer Unterschiedlichkeit. In solchen Familien können Eltern und Kinder sagen: »Hier fühle ich mich sicher und geliebt. Hier werde ich bestätigt.«

4. *In gesunden Familien wird niemand heruntergemacht, missbraucht, kontrolliert oder eingeschüchtert.*

Manche Dinge wirken so verletzend auf die Persönlichkeit eines Menschen und hinterlassen so tiefe, bleibende Schäden, dass sie in einer gesunden Familie tabu sein müssen.

Immer wieder wird in den Medien von Menschen berichtet, die draußen irgendwo im Dunkeln überfallen und vergewaltigt werden oder die Opfer von Gewalt werden, weil sie zur falschen Zeit die falsche Straße entlanglaufen. Diese Erfahrungen sind für die Opfer furchtbar und traumatisierend. Und doch werden Psychologen bestätigen, dass die tiefsten Verletzungen der Seele dort geschehen, wo wir eigentlich sicher sein sollten: in der Familie.

Kinder sehnen sich nach der Liebe und Unterstützung ihrer Eltern. Sie wünschen sich freundliche und sanfte Worte. Stattdessen erleben sie oft, dass sie angeschrien und heruntergemacht werden. Sie wünschen sich eine herzliche Umarmung oder eine zärtliche Berührung. Stattdessen werden sie oft grob angepackt und geschlagen. Solche Erlebnisse verletzen eine Kinderseele zutiefst.

Vielleicht beginnt ein Kind gerade, seinen eigenen Körper zu entdecken. Da ist diese Mischung aus Verwunderung, Neugier und Angst vor dem Neuen. Und dann kommt mitten in der Nacht ein Elternteil an das Bett und tut Dinge mit dem Kind, die zu entsetzlich sind, um sie zu beschreiben. Zurück bleibt eine zerstörte Kinderseele, ein beschämtes, für immer verwundetes und kaum noch lebendiges Herz.

Darum gilt in gesunden Familien die Abmachung, dass ein Familienmitglied niemals missbraucht, heruntergemacht, kontrolliert oder eingeschüchtert wird. Niemals!

5. *Kinder einer gesunden Familie lernen, alle Menschen – Frauen, Männer, Kinder, andere soziale Gruppen, andere Völker und Lebensweisen – respektvoll zu behandeln.*

Die Menschenwürde zu achten, lernen wir zuallererst zu Hause.

Ich hatte schon als Kind einen ausgeprägten Willen und bin für den Unsinn, den ich anstellte, oft bestraft worden. Aber eine Situation ist mir besonders im Gedächtnis geblieben, weil es das einzige Mal war, dass mein Vater mich an eine andere Stelle als den Po schlug. Ich stand morgens mit meinen Schulfreunden an der Haltestelle für den Schulbus. Mit uns wartete ein geistig zurückgebliebener und körperlich behinderter Junge. Einige von uns machten sich über diesen Jungen lustig. Ich weiß nicht mehr, ob ich auch Witze gerissen habe, aber auf jeden Fall stand ich dabei und tat nichts dagegen. Als wir zu Hause beim Abendessen saßen, erzählte ich von dieser Begebenheit: »Ach ja, heute Morgen war an der Bushaltestelle so'n Spasti. Der sah vielleicht komisch aus. Naja, ein paar von uns haben sich über ihn lustig gemacht ...« Während ich noch so gedankenlos vor mich hin plapperte, beugte sich mein Vater vor und schlug mir plötzlich mit der Hand auf den Hinterkopf, und als ich ihn anschaute und das Feuer in seinen Augen sah, wusste ich, dass ich einen großen Fehler gemacht hatte. Mein Vater sagte: »Billy, so redest du niemals wieder über Behinderte!« Und er fügte hinzu: »Mein Bruder, dein Onkel, war geistig zurückgeblieben und körperlich behindert. Der Bruder deiner Mutter leidet am Down-Syndrom. Wir wissen also, wie es ist, wenn sich andere Leute darüber lustig machen und Gemeinheiten von sich geben. Ich werde nicht zulassen, dass du jemals wieder respektlos über Behinderte sprichst!« Das habe ich nie vergessen.

Wir müssen unseren Kindern beibringen, dass es keinen Menschen auf dieser Erde gibt, der Gott nicht wichtig wäre. Jedes Mal, wenn wir einem Menschen begegnen, können wir uns sicher sein, dass Gott ihn unendlich liebt. Wen Gott wertschätzt, den dürfen wir nicht verachten.

6. *Gesunde Familien fördern die Eigenverantwortung.* Am besten lernen Kinder dies, indem sie die natürlichen Konsequenzen ihrer Handlungen spüren. Manche Eltern meinen, dass sie ihren Kindern Gutes tun, wenn sie absoluten Gehorsam von ihnen verlangen: »Ich werde dir schon beibringen, was es heißt, mir nicht zu gehorchen, Freundchen! Das wird Konsequenzen haben!« Die einzigen Konsequenzen, die Kinder solcher Eltern dann zu spüren bekommen, sind disziplinarische Maßnahmen.

Mein Vater dagegen war ein Meister darin, uns die natürlichen Konsequenzen unserer Entscheidungen spüren zu lassen. Ich erinnere mich noch gut an die Wochenenden in meiner Oberstufenzeit. Wenn es darum ging, am Freitagabend länger ausgehen zu dürfen, mussten meine Freunde wie Helden um die Erlaubnis kämpfen. Mein Vater sagte immer: »Es ist mir egal, wann du Freitagabend nach Hause kommst, solange du Samstagmorgen um halb sechs unten am Lager bist, um die Lastwagen zu beladen.«

Das war mein Job, den ich jeden Samstag zu tun hatte. Aber der Freitagabend gehörte mir. Ich war glücklich! Absolute Freiheit! Nachdem ich einige Male nach einer langen Nacht den Samstagmorgen nur mit Ach und Krach durchgehalten hatte, wurde es an den Freitagnächten von ganz alleine nicht mehr so spät. Ich hatte die natürlichen Konsequenzen meines Verhaltens zu spüren bekommen und daraus gelernt.

Natürlich wäre es verantwortungslos, wenn Eltern ihren Kindern alles erlauben würden. Aber statt Gehorsam mit harten Strafen zu erzwingen, wäre es klug, unseren Kindern die Möglichkeit zu geben, im angemessenen Rahmen selbst zu entscheiden und die Konsequenzen zu bedenken oder zu erleben. So könnten wir zum Beispiel sagen: »Wenn du jetzt spielen willst, musst du morgen deine Hausaufgaben machen. Wir anderen wollen morgen Schwimmen gehen. Entscheide du, was dir wichtiger ist.« Oder: »Wenn du den Rasen nicht bald mähst, wird er so lang werden, dass es eine ziemliche Plackerei werden könnte. Du weißt, dass du diesen Monat mit Rasenmähen dran bist. Irgendwann musst du also ran. Wann, das ist deine Entscheidung.« Es wird unseren Kindern helfen, wenn sie nicht alles vorgeschrieben bekommen, sondern ihre eigenen Entscheidungen treffen können. Am Ende werden sie etwas über die Folgen ihrer Entscheidungen gelernt haben, und das wird ihnen für ihr weiteres Leben und für größere Entscheidungen eine Hilfe sein.

Kinder müssen nicht nur lernen, für sich selbst Verantwortung zu übernehmen, sie müssen auch verstehen, dass ihr Handeln Auswirkungen auf andere hat. Darum trägt in gesunden Familien jeder Einzelne Verantwortung. Familienmitglieder geben und nehmen gleichermaßen. Es ist unsere Verantwortung, uns an Verabredungen zu halten und unsere Pflichten zu erfüllen. »Du hast versprochen, heute Abend zu dem Treffen zu gehen. Du hättest früher absagen sollen. Jetzt ist es ein bisschen spät dafür. Du solltest hingehen.«

Es ist kein Zufall, dass mit dem Zerbruch vieler Familien auch die Werte der Gesellschaft zerfallen. Was wir zu Hause lernen, übertragen wir auf unsere Freundschaften, unsere Gemeinden, unseren Arbeitsplatz.

7. *Gesunde Familien besitzen eine gemeinsame geistliche Basis.*

Die meisten christlichen Eltern wünschen sich, dass ihre Kinder Gott kennen und lieben lernen. Bei manchen Familien beschränkt sich der Glaube aber auf Äußerlichkeiten. Diese Eltern glauben, dass sich geistliches Leben an Dingen wie anständiger Kleidung, dem Verzicht auf Tätowierungen, guter Bibelkenntnis, Gehorsam und großem Engagement in der Gemeinde messen lässt.

Natürlich ist es schmeichelhaft für Eltern, wenn der Sohn oder die Tochter sich vorbildlich verhält. Aber zeichnet dies geistliche Reife aus? Müsste es uns nicht viel wichtiger sein, dass unsere Kinder ihren Wert zuerst bei Gott finden – unabhängig von ihrem Kleidungsstil und der Zeit, die sie in der Gemeinde verbringen? Paulus wünscht den frommen Gemeindechristen in Ephesus vor allem, »dass Christus durch den Glauben in euch lebt und ihr fest in seiner Liebe wurzelt und auf sie gegründet seid« (Epheser 3,17). Wenn unsere Kinder entdecken, dass sie wertvoll sind, weil Gott sie liebt, haben sie es nicht mehr nötig, anderen gefallen zu müssen. Gerade das wird sie aber zu tiefen und ehrlichen Beziehungen fähig machen.

Kinder erleben Gott zunächst zu Hause, im Alltag, beim Essen, in unseren Gesprächen und in der Art, wie wir miteinander umgehen. In der Bibel steht: »Behaltet die Gebote im Gedächtnis, die ich euch heute verkünde!

Prägt sie euren Kindern ein, und sagt sie euch immer wieder vor – zu Hause und auf Reisen, wenn ihr euch schlafen legt und wenn ihr erwacht« (5. Mose 6,6-7). Leider wird diese Anweisung oft missverstanden. Manche Eltern glauben, sie müssten ihren Kindern das Wort Gottes aufzwingen, und so stopfen sie ohne Rücksicht darauf, ob dies angemessen ist, Bibelverse in ihre Kinder hinein. Kein Wunder, wenn das den Kindern irgendwann über wird und sie keinen Hunger mehr auf Gottes Wort haben! Ich würde diesen Vers lieber so übersetzen: »Bringt euren Kindern bei, wie ich bin, indem ihr für sie da seid und indem ihr tiefe Freundschaften zu euren Kindern aufbaut. Lebt mit euren Kindern so, dass sie von euch geistliche Wahrheiten lernen können.« Es gibt Hunderte von Gelegenheiten, mit unseren Kindern ganz zwanglos über Weisheiten der Bibel zu sprechen, wenn wir ihren Alltag teilen. Wir müssen ihnen nichts aufdrängen!

Manche Eltern glauben, dass radikale Verbote ihre Kinder vor den Gefahren der Welt schützen. Natürlich dürfen wir unseren Kindern nicht alles erlauben, aber wir werden sie auch nicht vor allem beschützen können. Jesus selbst redet mit Gott über seine Jünger und sagt: »Ich bitte dich nicht, sie aus der Welt zu nehmen, aber ich bitte dich, sie dort vor dem Bösen zu schützen« (nach Johannes 17,15). Das ist unsere Lebensrealität: Wir müssen in der Welt, in der wir leben, unseren Mann und unsere Frau stehen.

Als mein Sohn Todd in der vierten Klasse war, hatte er auf dem Heimweg im Schulbus ein Erlebnis, das ihn sehr mitnahm. Zu Hause erzählte er uns, was passiert war. Ich wurde sehr wütend über die anderen Kinder im Schulbus. Mein erster Gedanke war, ich müsse Todd vor ihnen beschützen und ihn ab sofort immer selbst zur Schule fahren. Aber nachdem ich eine Weile darüber nachgedacht und gebetet hatte, beschloss ich, Todd nicht aus dieser Situation herauszunehmen, sondern mit ihm darüber zu reden. Also sagte ich zu ihm: »Todd, die Kinder im Bus, die diese Sachen gesagt und getan haben, waren grausam und gemein. Sie haben überhaupt kein Recht dazu! Es war richtig, dass du verletzt und wütend warst. Ich bin auch wütend. Und ich würde dich am liebsten davor beschützen, mit diesen Kindern in einem Bus fahren zu müssen. Aber, Todd, in dieser Welt gibt es viel Schlechtes, und schon Kinder tun Dinge, die grausam sind. Es bringt nichts, sich zu verstecken. Gott ist stolz auf dich und liebt dich sehr. Und er wird dir helfen, mutig zu sein. Du wirst es irgendwann im Leben lernen müssen. Also ist es am besten, jetzt damit anzufangen. Todd, du schaffst das. Mama und ich helfen dir dabei.« Und Todd schaffte es wirklich.

Es ist für Eltern nahe liegend, ihre Kinder aus bedrohlichen Situationen zu retten. Aber es ist nicht immer der richtige Weg. Wenn wir unseren Kinder wirklich helfen wollen, sollten wir ihnen beibringen, diese Welt mit Gottes Augen zu sehen und mutig zur Wahrheit zu stehen. In gesunden Familien legt man nicht auf einen äußeren christlichen Anstrich Wert. Gesunde Familien fördern die Eigenverantwortung ihrer Kinder und helfen ihnen, ihren Wert bei Gott zu finden, um in der Realität dieser Welt als weise und mutige Menschen bestehen zu können.

8. Gesunde Familien spielen und erleben etwas miteinander.

Wenn ich Menschen nach ihren schönsten Kindheitserinnerungen frage, bekomme ich häufig Antworten wie: »Das Beste war immer unser Campingurlaub! Einmal hat ein Gewitter unser Zelt fortgerissen. Wir sind total nass geworden. Aber es war super aufregend – eigentlich so ziemlich das beste Abenteuer meiner Kindheit!« Andere

Menschen erinnern sich daran, wie sie im Sommer mit ihren Eltern und Geschwistern zum Schwimmen an einen See gegangen sind, oder sie denken an die Abende, die die Familie gemeinsam an dem großen Esstisch mit Brettspielen verbracht hat.

Die Zeiten, in denen Eltern und Kinder zusammen gespielt haben, gehören für die meisten Menschen zu den schönsten Erinnerungen. Wenn Familien gemeinsam etwas unternehmen, fühlen Kinder sich zugehörig: »Das ist unser Nachmittag. Nur wir, unsere Familie.« Gemeinsame Unternehmungen geben Kindern ein Gefühl der Sicherheit und Wärme innerhalb der Familie.

9. *Gesunde Familien haben eigene Gewohnheiten, Familientraditionen und -feiertage.*

Das mag auf den ersten Blick nicht so wichtig erscheinen. Aber diese ganz eigenen Traditionen fördern innerhalb der Familie ein Gefühl von Sicherheit und Beständigkeit. »Jedes Jahr um diese Zeit haben wir uns alle getroffen und zusammen gefeiert. Dieses Jahr wird es auch so sein. Und die Jahre darauf genauso.« Das gibt uns die Sicherheit, dass wir als Familie auch in der Zukunft füreinander da sein werden.

Vor einigen Jahren wurde Lynne und mir bewusst, dass Weihnachten für uns als Familie nie so sein würde wie bei anderen Familien, denn ich muss an Weihnachten immer arbeiten. Also haben wir zu unseren Kindern gesagt: »Wir können Weihnachten zwar nicht so ruhig verbringen, wie wir es gerne würden, aber wir machen dafür nach den Feiertagen zusammen einen Ausflug.« Inzwischen ist dieser Weihnachtsausflug Tradition: Normalerweise fahren wir mit dem Auto irgendwohin, wo es etwas zu erleben gibt. Vor allem aber verbringen wir viel Zeit miteinander. Über die Jahre hat sich ein Schatz von Erinnerungen an verschiedene Ausflüge angesammelt. Diese Erinnerungen gehören nur uns, und sie verbinden uns als Familie.

Bleibt ein letzter Punkt, der gesunde Familien auszeichnet:

10. Gesunde Familien suchen Hilfe, wenn sie alleine nicht mehr weiterkommen.

Es gibt ein chinesisches Sprichwort, das sagt: »Keine Familie kann ein Schild an die Tür hängen, auf dem steht: Alles in Ordnung!« Selbst in normalen, gesunden Familien gibt es Verletzungen, Spannungen, Missverständnisse und andere Probleme. Die Frage ist also nicht, ob wir Probleme haben, sondern wie wir mit ihnen umgehen.

Leider kehren viele Familien ihre Probleme unter den Teppich. Selbst wenn der Vater ein Trinker ist, der die ganze Familie einschüchtert, die Mutter eine Furie, die sogar den Hund tyrannisiert, die Tochter psychisch krank und der Sohn hyperaktiv, kommt auf die Frage, wie es ihnen geht, die prompte Antwort: »Danke, gut!« Am Sonntagmorgen sitzt diese Familie lächelnd und herausgeputzt im Gottesdienst, und auch später, auf dem Nachhauseweg, gibt es keinen Grund zur Unruhe, denn alles bleibt beim Alten.

Als ich zur Uni ging, spielte ich in einer Footballmannschaft. Im ersten Jahr brach ich mir zweimal das Handgelenk. Damals habe ich niemandem davon erzählt und die gesamte Saison einfach weitergespielt. Ich dachte: »Ach, das wird schon wieder werden!« Aber es wurde nicht besser, und am Ende musste ich mich einer schweren und schmerzhaften Operation unterziehen. Ich hätte natürlich viel eher zu einem Arzt gehen sollen.

Was für unseren Körper gilt, gilt auch für unsere Seele und unsere Beziehungen. Die Bibel sagt in Sprüche 13,10: »Wenn du klug bist, nimmst du guten Rat an.« Gott sei

Dank hat sich in dieser Hinsicht manches verändert. Für viele Menschen ist es keine Schande mehr, um Hilfe zu bitten. Unsere Familien sind zu zerbrechlich und zu wertvoll, als dass wir unsere Probleme ignorieren dürften! Wir brauchen gute Freunde, zu denen wir sagen können: »So sieht es zurzeit bei uns zu Hause aus. Kannst du mir einen Rat geben?« Wir brauchen Menschen, die mit uns beten. Und wir brauchen gute Therapeuten und Seelsorger, die uns mit fachlichem Rat zur Seite stehen.

Es gibt keine Familie, die nicht an irgendeiner Stelle Kämpfe ausfechten müsste. Die so genannte heile Familie ist eine Illusion. Die zehn Punkte meiner Checkliste für den »Familien-TÜV« können dabei helfen, herauszufinden, wo das Leben bei uns normal und gesund ist und woran wir arbeiten müssen. Vielleicht habe ich den einen oder anderen Punkt übersehen. Für alle Familien aber gilt: Probleme, die wir unter den Teppich kehren, tauchen an einer anderen Stelle garantiert wieder auf. Es ist also nie zu früh, aber auch nie zu spät für positive Veränderungen.

Erinnerungen an meinen Vater

In Amerika feiern wir jedes Jahr im Juni den Vatertag, und jedes Jahr halte ich eine Predigt zu diesem Thema. Vor einiger Zeit saß ich an meiner inzwischen zwanzigsten Vatertagspredigt, als mir auffiel, dass ich in all den Jahren meinen eigenen Vater in keiner dieser Predigten erwähnt hatte. Ich hatte das Gefühl, dass Gott zu mir sagte: »Ehre deinen eigenen Vater. Wenn du es tust, werden viele andere vielleicht darüber nachdenken, wie sie ihre Väter ehren können.« Das war für mich der Anstoß, einige Erinnerungen an meinen Vater zu sammeln und aufzuschreiben.

Es ist inzwischen neunzehn Jahre her, dass mein Vater gestorben ist. In der Zwischenzeit habe ich viel über meine Beziehung zu ihm nachgedacht, ich hatte seelsorgerliche Gespräche, und ich hoffe, dass ich jetzt ausgewogen und objektiv von ihm erzählen kann. Das war nicht immer so.

Wenn ich in jungen Jahren die Aufgabe gehabt hätte, meinen Vater zu beschreiben, hätte ich ihn wahrscheinlich auf einen Sockel gestellt, und damit wäre er wiederum sicher nicht einverstanden gewesen. Ich hätte ihn vermutlich perfekter dargestellt, als er wirklich war. Als ich etwas älter wurde und einen klareren Blick für seine Fehler und Versäumnisse als Vater bekam, wäre ich sicher auch nicht fair zu ihm gewesen. Ich bin froh, dass seither einige Jahre vergangen sind, sodass ich jetzt ein ausgewogenes Bild von meinem Vater zeichnen kann.

Ich bin mir dessen bewusst, dass wir uns auf ein emotionales Minenfeld begeben, wenn wir über unsere Väter und über Vaterschaft im Allgemeinen sprechen.

Manche Menschen können wunderbare Dinge über ihre Väter erzählen. Sie hatten das Glück, gute Väter zu haben. Für andere ist der Gedanke an ihre Väter sehr schmerzhaft. Möglicherweise ist unglaublich viel in dieser Beziehung schief gelaufen und hat tiefe Wunden gerissen. Es war nicht Gottes Plan für uns, dass unsere Väter an uns schuldig werden und uns verletzen. Aber wir alle leiden darunter, dass wir sündige Menschen sind. Vielleicht können meine Gedanken denjenigen ein bisschen Trost schenken, für die dies ein schmerzliches Thema ist.

Ich glaube also, dass ich inzwischen reif genug bin, ausgewogen von meinem Vater zu erzählen. Ich sehe, was er bei meiner Erziehung gut gemacht hat, erkenne aber auch die Defizite. Wenn ich heute an meinen Vater denke, erinnere ich mich an seine wunderbaren Seiten und auch an die weniger schönen Kehrseiten. Seine großen Begabungen waren mit großen Schwächen verbunden. Zuerst möchte ich sechs wundervolle Geschenke nennen, die er mir gemacht hat, und dann auf die Dinge eingehen, die mir sehr gefehlt haben.

Das erste Geschenk war die intakte, stabile Umgebung, in der ich aufwuchs. Manche Menschen wissen schon gar nicht mehr, was eine stabile Umgebung überhaupt bedeutet.

Die ersten fünfzehn Jahre meines Lebens – Jahre, in denen Kinder sehr viel über das Leben lernen – verbrachten wir als Familie in ein und demselben Haus. Ich musste nie die Schule wechseln und hatte immer denselben Freundeskreis. Die ganze Zeit hatte mein Vater dieselbe Arbeitsstelle, die er gewissenhaft ausfüllte. Wir gingen jahrelang in dieselbe Kirche. Ich wuchs mit einem Gefühl der Geborgenheit und Sicherheit auf.

Ich besaß den Luxus eines festen Fundaments, auf das ich mein Leben bauen konnte.

Heutzutage höre ich unzählige Menschen meines Alters im Gespräch über ihre Kindheit Dinge sagen wie: »Als ich aufwuchs, war mein Leben ein totales Durcheinander.« – »Wir mussten achtmal umziehen.« – »Wenn mein Vater mal einen Job hatte, war er ihn bald darauf auch wieder los.« Andere erzählen: »Mein Vater hat sich zwei-, dreimal scheiden lassen. Und immer wieder geheiratet.« Oder: »Mein Vater war Alkoholiker und hatte ständig finanzielle Schwierigkeiten.« Wieder andere berichten: »Wir sind aus unserer Wohnung geflogen. Unser Auto wurde verpfändet.« Oder: »Ich habe mich niemals irgendwo zu Hause fühlen können. Wirklich gute Freunde hatte ich nicht.« Ich habe so viele Bekannte, die zu mir sagen: »Meine Kindheit war ein einziges Trauma.« Ich kann das von meiner Kindheit nicht behaupten. Und ich bin froh darüber.

Ich war ein sehr sensibles Kind. Wer mich heute kennt, kann vielleicht nicht glauben, wie sensibel ich war! Wenn ich in meiner Kindheit die schweren Dinge erlebt hätte, von denen meine Freunde mir erzählen, hätte das in meiner Seele großen Schaden angerichtet. Mit der Zeit habe ich als Kind gelernt, mich vorzuwagen und Sachen auszuprobieren. Aber das konnte ich nur, weil die Basis meines Lebens stabil war und ich mich sicher und geborgen fühlte.

Ich wusste, dass mein Papa mit meiner Mama zusammenbleiben würde. Ich wusste, dass wir immer etwas zum Essen und zum Anziehen haben würden. Ich wusste, zu welcher Schule und zu welcher Gemeinde ich gehörte. Und deshalb hatten auch meine Freundschaften lange Bestand. Dieses grundsätzliche Gefühl der Sicherheit ermöglichte es mir, Kind zu sein. Ich musste mir nicht schon früh um Probleme der Erwachsenenwelt Sorgen machen. Ich sehe das heute als großes Geschenk an.

Ich weiß jetzt, dass mein Vater damals, als wir noch Kinder waren, die Wahl hatte. Er hätte Entscheidungen treffen können, die für mich und meine Geschwister belastend gewesen wären. Aber er sagte sich: »Nein. Wir bleiben zusammen. Ich werde ein gutes Fundament für meine Kinder legen.« Dafür bin ich sehr dankbar.

Das zweite Geschenk, das mein Vater mir machte, klingt für manche vielleicht etwas ungewöhnlich. Aber ich habe lange darüber nachgedacht und halte es für sehr wichtig.

Mein Vater war eine ausgeprägte Persönlichkeit. Er nahm sich selbst als Person sehr stark wahr. Und er war immer präsent. Nicht ein einziges Mal hatte ich Zweifel, »ob gerade jemand in seinem Körper zu Hause war«. Er war sich seiner Einzigartigkeit völlig bewusst.

Er steckte voller Leben. Er wusste, wer er war, was er mochte, was er nicht mochte und was er in seinem Leben erreichen wollte. Niemals konnte jemand von ihm behaupten, er mache eine Identitätskrise durch. Er war völlig unbeeindruckt vom Lob der Kollegen, und die öffentliche Meinung war ihm egal. So ausgeprägt wie bei meinem Vater habe ich das selten bei einem Menschen beobachten können.

Es gab zum Beispiel eine Phase, in der mein Vater beruflich sehr eingespannt war. Zu dieser Zeit beschloss er, dass er seine kostbare Zeit und Energie nicht noch darauf verwenden wollte, jeden Tag die passende Kleidung auszuwählen. Also ging er in die Stadt, kaufte sechs schwarze Hosen, ungefähr zehn weiße Hemden und eine Kiste Schuhe. Die nächsten zehn bis fünfzehn Jahre hatte er sieben Tage die Woche nichts anderes an: eine schwarze Hose und ein weißes Hemd.

Einigen Leuten fiel das natürlich auf. »Super Outfit, Harold«, kommentierten sie dann manchmal. Und mein

Vater konterte: »Klar, das trage ich extra für dich!« Was andere Leute über seine Entscheidungen dachten, interessierte ihn kein bisschen.

Er mochte Schnellrestaurants lieber als feine Lokale. Also aß er dort, wo er sich wohler fühlte. Er zog praktische Geländewagen eleganten Limousinen vor. Also kaufte er sich das Auto, das er mochte. Harley Davidsons fand er besser als alle anderen Motorräder, Country-Musik zog er dem Rock'n'Roll vor, und Segelboote mochte er lieber als fast alles andere auf der Welt.

Mein Vater veranstaltete nie irgendwelche Umfragen, wenn er etwas entscheiden musste. Und er konnte Leute nicht verstehen, die sich darüber Sorgen machten, was andere von ihnen hielten. Seine Helden waren Menschen, die ihren Träumen folgten, gegen den Strom schwammen und es wagten, sich von der Masse abzuheben. Mein Vater bewunderte Menschen, die trotz scheinbar unüberwindlicher Hindernisse nicht aufgaben.

Sein Rat an mich lautete immer: »Billy, wenn andere Leute versuchen, sich in dein Leben einzumischen, dann sieh ihnen gerade in die Augen und sag: ›Mach dich vom Acker!‹« Ich erinnere mich daran, dass er mir immer wieder sagte: »Sei du selbst, Billy. Geh deinen eigenen Weg, lebe deine Überzeugungen. Das Leben ist zu kurz, um die Ansprüche anderer Menschen zu erfüllen.«

Diese Einstellung half mir auf dem Gymnasium sehr. »In sein« war damals besonders wichtig. Es liefen Partys ohne Ende. Die Ansichten der Klassenkameraden und der Clique waren für alle verbindlich. Und wehe, man war nicht cool! »Hier, probier mal einen Joint, Billy. Hier, ein Bier. Hier dies. Hier das.« Ich habe damals geantwortet: »Mach dich vom Acker. Ich will das nicht.«

Als Gott später eine Gruppe Christen und mich darauf brachte, eine Gemeinde zu gründen und ein Kino als

Gemeinderaum zu nutzen, hat mir die Erziehung meines Vaters wieder sehr genützt. Wir wollten unsere neue Gemeinde ein wenig anders gestalten, als es zu der Zeit üblich war. Unser Ziel war es, Menschen zu erreichen, die in keine normale Kirche gehen.

Als wir mit dem Projekt anfingen, wurden wir sehr dafür kritisiert, wie wir unsere Gottesdienste gestalteten. Ich sprach es nicht immer laut aus, aber ich sah oft in die Augen unserer größten Kritiker und dachte: »Mach dich vom Acker. Ich werde eines Tages allein vor Gott stehen und dafür Verantwortung tragen, was ich jetzt tue. Dies sind meine Überzeugungen, und ich muss ihnen folgen.«

Die Tatsache, dass mein Vater sich seiner eigenen Persönlichkeit so stark bewusst war, hat mich reich beschenkt. Denn wenn man mit solch einem Vater aufwächst, beginnt man selbst Fragen zu stellen, wie: »Wer bin ich? Was mag ich, und was mag ich nicht? Wozu hat Gott mich geschaffen? Was will ich von meinem Leben? Sollte ich meine innersten Überzeugungen opfern, nur damit ich die Anerkennung anderer Menschen gewinne?«

Ich habe in den letzten Jahren viel über solche Fragen nachgedacht, angeregt durch die Stärke und Selbstsicherheit, die mein Vater in sich trug. Er half mir dabei, nach und nach selbst sagen zu können: »Dies ist der Kurs, den ich in meinem Leben fahren will. Dies sind die Träume, die ich verfolgen werde. Dies sind die Menschen, denen ich mich verbunden fühle. Dies ist, was ich im Leben erreichen will. Und wenn mein Leben vorbei ist, will ich dieses oder jenes Vermächtnis hinterlassen.« Jetzt, wo ich mich in den mittleren Jahren meines Lebens befinde, verstehe ich, was für ein großes Geschenk es für mich war, in meiner Persönlichkeit gestärkt und bestätigt zu werden.

Das dritte Geschenk, das mir mein Vater gemacht hat, ist, dass er die Liebe zur Arbeit in mich hineinpflanzte.

All die Jahre, in denen ich meinen Vater erlebt habe, hörte ich niemals, dass er sich über seine Arbeit beschwert hätte. Im Gegenteil, er schätzte jede Art von Arbeit. Er hielt harte Arbeit für wertvoll, egal, ob jemand als Tankwart, als Lastwagenfahrer, als Häusermakler, als Politiker oder als Bauer auf dem Feld sein Geld verdiente.

Für meinen Vater war Arbeit eine Berufung Gottes, eine Tätigkeit, die den Charakter formt und an der sich jeder beteiligen sollte. Arbeit war wie eine Kunst, der man sich widmen musste, eine Disziplin, die man erlernen konnte. Mein Vater war immer begeistert, wenn es um Arbeit ging.

Als ich noch in den Kindergarten ging, weckte mich mein Vater allen Ernstes samstagmorgens um halb sechs mit den Worten: »Zeit zum Arbeiten, Billy.« Und ich ging mit ihm runter zum Lagerhaus und belud bis ein Uhr nachmittags unsere Lastwagen. Auf dem Weg nach Hause sagte mein Vater dann oft zu mir: »Ist das nicht toll, so den Samstagvormittag zu verbringen? Was würdest du denn lieber machen als das? War das nicht super?«

Meine Freunde aus dem Kindergarten erzählten mir damals, dass sie samstagmorgens immer Trickfilme im Fernsehen sahen. Ich wusste noch nicht einmal, welche Figuren in den verschiedenen Serien vorkamen.

Mein Vater konnte Leute nicht verstehen, die sich vor Arbeit drückten. Er nahm kein Blatt vor den Mund, wenn es um gesunde Menschen ging, die lieber Arbeitslosengeld kassierten, anstatt sich einen Job zu suchen. Er vertrat da zum Teil sehr drastische und unbarmherzige Ansichten.

Es war für niemanden eine Überraschung, dass mein Vater während der Arbeit an einem Herzinfarkt starb. Ein paar Wochen nach der Beerdigung erzählten wir uns im Spaß, dass seine letzten Worte wahrscheinlich lauteten: »Was für eine wundervolle Art, dieses Leben zu verlassen

– mitten in der Arbeit! Oh, was für eine wundervolle Weise zu sterben! Was würdest du lieber tun als das?«

Aber, Spaß beiseite, seine Liebe zu emsiger Arbeit war ein großes Geschenk für mich. Ich hatte viele verschiedene Stellen, bevor ich Pastor wurde: Ich arbeitete auf Bauernhöfen, als Verkäufer und an Tankstellen. Und jede Stelle war für mich eine neue und gute Herausforderung, meine Fähigkeiten zu erweitern und Lebenserfahrung zu gewinnen.

Diese Einstellung habe ich von meinem Vater gelernt, weil er der Arbeit so positiv gegenüberstand. Und ich habe diese Einstellung an meine zwei Kinder vererbt. Shauna war gerade mal elf Jahre alt, als sie uns fragte, ob sie einen kleinen Job annehmen dürfte. Ein guter Freund von mir besaß ein Geschäft mit Surfartikeln in South Haven, wo wir immer unsere Ferien verbringen. Shauna fuhr mit dem Fahrrad zum Geschäft meines Freundes und stellte sich hinter die Kasse. Sie war fast zu klein, um überhaupt in die Kasse hineinschauen zu können. Aber sie war so stolz, wenn sie nach Hause geradelt kam und erzählte: »Papa, ich habe heute einen Zwanzigdollarschein gewechselt.« Man konnte förmlich zusehen, wie sie täglich an Selbstsicherheit gewann.

Mein Sohn hatte ebenfalls einige Jobs. Seine Einstellung zur Arbeit ist genauso enthusiastisch und ansteckend positiv, wie die Einstellung, die mein Vater mir damals vererbte.

Die Bibel hebt den Wert von menschlicher Arbeit immer wieder hervor. Im Brief an die Kolosser steht: »Tut eure Arbeit gern« (Kolosser 3,23). Mit dieser freudigen Bereitschaft gehe ich mein Leben und die damit verbundene Arbeit an. Das habe ich von meinem Vater gelernt.

Das vierte Geschenk, das mir mein Vater gemacht hat und für das ich ihm dankbar bin, ist seine Vorbildlichkeit, wenn es um Beziehungen geht. In einem Satz würde ich sagen: Mein Vater hat mir Gemeinschaft vorgelebt. Er hatte gute Freunde. Er suchte, fand und pflegte sein gesamtes Leben hindurch tiefe Freundschaften.

Viele meiner jetzigen Bekannten erzählen mir, dass sie den Wert der Freundschaft eigentlich niemals erlebt haben. Sie erzählen von isolierten Vätern – Typen, die man in der Wildnis vermuten würde oder auf einer einsamen Insel; Männer, die nie jemanden brauchten, nie einem Freundeskreis angehörten und die nicht fähig waren, Freundschaften zu beginnen und zu erhalten. Bei meinem Vater war das anders.

Mein Vater hatte Freunde aus der Grundschule und aus der weiterführenden Schule, von denen er mir erzählte. Er hatte Kumpel aus seiner Zeit bei der Marine, mit denen er sich noch lange, nachdem sie aus dem Krieg zurück waren, traf. Er hatte Freunde, die ihn beim Fliegen begleiteten, und Freunde, mit denen er Motorrad fuhr.

Fast jeden Sonntag nach dem Gottesdienst schnappte er sich zwei oder drei Leute und lud sie ein: »Warum kommt ihr heute Abend nicht einfach zu uns und wir machen Popcorn und erzählen ein wenig.« Er liebte Gemeinschaft!

Es gab da allerdings eine Schwierigkeit: Weil er frühmorgens aufstand, ging er auch früh zu Bett. Manchmal hatten wir unser Haus zum Bersten voll mit Gästen, die er eingeladen hatte. Mein Vater stand dann plötzlich auf und sagte: »Also, Leute, es ist neun Uhr. Ich geh jetzt schlafen. Schön, dass ihr da wart. Gute Nacht, alle miteinander!« Und dann verschwand er. Ein Glück, dass meine Mutter wenigstens noch da war!

Als er ungefähr vierzig Jahre alt war, wollte er ein Abenteuer erleben. Er kaufte in der irischen Stadt Dublin ein Segelboot, ohne es je gesehen zu haben. Dann ging er zu einigen Freunden und sagte: »Wir werden jetzt das Abenteuer unseres Lebens erleben!« Diese Männer hatten noch nicht einmal Erfahrung im Segeln. Aber mein Vater sagte: »Helft mir, das Boot über den Atlantik zu steuern! Entweder schaffen wir's zusammen oder wir gehen zusammen unter. Aber, hey, das wird ein riesiges Abenteuer! Wie sieht's aus, kommt ihr mit?«

Sie kamen alle mit. Und sie meisterten die Sache gemeinsam. Ich habe das damals als kleiner Junge mitbekommen und gelernt, dass mein Vater gute Kumpel hatte. Das hat sich tief eingeprägt. Ich lernte, dass Freunde wichtig sind und dass Freundschaften es wert sind, gepflegt, erhalten und beschützt zu werden.

Ab und zu passiert es mir heute, dass ich zufällig einen alten Freund meines Vaters treffe. Und fast immer bekommt er dann feuchte Augen, nimmt mich zur Seite und sagt: »Mann, ich vermisse deinen Vater. Das war ein Freund! Was für ein toller Mensch. Ich vermisse ihn!«

Das fünfte Geschenk, für das ich meinen Vater ehren möchte, ist, dass er mich vor so viele Herausforderungen stellte. Wenn es um uns Kinder ging, hieß eine seiner Weisheiten: »Biete deinen Kindern immer neue Möglichkeiten!« Und hier zeigt sich, dass mein Vater schon sehr außergewöhnlich und beinahe etwas verrückt war.

Gerade, wenn es um mich ging, lief mein Vater zu seiner Hochform auf. Ich glaube, er fürchtete, dass sich meine gesamte aufgestaute Energie auf die falschen Dinge konzentrieren könnte, wenn er nicht für positive Herausforderungen sorgte. Es machte ihm Freude zuzusehen, wie sich meine Fähigkeiten erweiterten.

Er vertraute meiner Begabung und meinem Urteilsvermögen so sehr, dass ich manchmal zögere, Menschen davon zu erzählen. Was er mir alles ermöglichte, würden mir viele vielleicht gar nicht glauben. Aber es war tatsächlich so. Mein Vater half mir, mein erstes Auto auszusuchen, als ich in der zweiten Klasse war. Und er erlaubte mir, damit in der Nachbarschaft herumzufahren. Als ich in der sechsten Klasse war, erlaubte er mir, mit dem Segelboot, mit dem er über den Ozean gesegelt war, auf dem Michigansee zu segeln. Und zwar alleine. Ich fuhr voll beladene Lastwagen, als ich vierzehn Jahre alt war, und steuerte die Flugzeuge unseres Unternehmens zwei Jahre, bevor ich überhaupt alt genug war, den Flugschein zu machen. Mein Vater schickte mich in alle Welt – immer allein –, weil er wollte, dass ich durch das Reisen reifer wurde und dass sich mein Horizont erweiterte.

Ich weiß nicht, ob mein Vater immer weise gehandelt hat. Aber ich bin mir sicher, dass diese Herausforderungen, diese Möglichkeiten, mich zu bewähren, mir großes Selbstvertrauen schenkten. Ich lernte, mit Zweifeln und Angst umzugehen, als ich noch sehr klein war. Zu einer Zeit, als für die meisten Kinder meines Alters ein Abenteuer darin bestand, heimlich Zigaretten zu rauchen, lernte ich, wichtige Fragen zu stellen, Informationen zu verarbeiten und weise Entscheidungen zu treffen. Dafür bin ich immer noch sehr dankbar.

Mein Vater sagte oft zu mir: »Billy, ich möchte, dass du so viel erlebst wie möglich, denn das hilft dir, erwachsen zu werden. Du sollst eine umfassende Sicht der Dinge gewinnen. Du kannst mit den verschiedensten Menschen umgehen und auskommen.« Und so hat er mich immer wieder neue Abenteuer bestehen lassen. Das hat mir gut getan.

Für mich war die Welt nie ein Furcht erregender Ort, vor dem ich mich schützen müsste. Im Gegenteil, ich habe die Welt immer als eine große Schule der Herausforderungen und Möglichkeiten gesehen. Ich wusste, dass man sich nur aufmachen muss, um die Welt zu entdecken. Das habe ich von meinem Vater gelernt, und ich empfinde dies als ein großartiges Geschenk!

Vor kurzem habe ich einen Vatertagsbrief von meinem Sohn Todd bekommen. Er erzählt darin von den Dingen, die ihn so bewegen. Dieser Brief hat mich sehr berührt, und mir kommen jetzt noch die Tränen, wenn ich daran denke. »Papa, danke für die vielen Herausforderungen und die Möglichkeiten, mich zu bewähren. Du hast mir dabei geholfen, Selbstvertrauen zu entwickeln«, steht da unter anderem. Und ich denke daran, wie mein Vater mir beigebracht hat, mutig zu sein. Ich weiß, dass dies eigentlich das Erbe meines Vaters an mich und durch mich an meinen Sohn ist.

Das sechste Geschenk, für das ich meinem Vater dankbar bin, ist das Geschenk eines geistlichen Erbes. Dieses Geschenk ist mir das allerwichtigste.

Meine ganze Kindheit hindurch war mir bewusst, dass mein Vater ein dynamischer, selbstsicherer, entscheidungsfreudiger, erfolgreicher und fähiger Mann war. Aber ich wusste auch, dass er in der tiefsten Tiefe seines Herzens Gott ergeben war. Sein Herz und sein Leben gehörten Gott.

Mein Vater lebte keinen gesetzlichen und herzlosen Glauben. Sein Glaube war dynamisch und echt. Ich habe es noch lebhaft in Erinnerung, wie ich als kleiner Junge neben ihm in der Kirche stand, während er das Liederbuch fest in der Hand hielt. Und ich erinnere mich daran, wie ich zu diesem starken, unabhängigen Mann aufsah, der aus tiefster Seele Lieder sang wie: »Mir ist Erbarmung widerfahren, Erbarmung, deren ich nicht wert.« Oder: »Ich bin entschieden, zu folgen Jesus. Niemals zurück, niemals zurück.« Meinen Vater so in der Kirche zu sehen, hat mich für mein ganzes Leben geprägt.

Mein Vater schätzte die Bibel sehr. Jeden Abend las er uns beim Essen etwas daraus vor. Er liebte auch die Kirchengemeinde unseres Ortes – obwohl diese Gemeinde wirklich nichts Besonderes war. Es war eine kleine Kirchengemeinde, und sie hatte eine Menge Probleme – sie wuchs kaum, es gab wenig dramatische Bekehrungen und auch nicht viele großartige Gebetserhörungen. Es war eben eine langweilige kleine Kirche, die sich gerade so über Wasser hielt.

Aber mein Vater tat, was er nur konnte, um ein wenig Leben in diese Gemeinde zu bringen. Zu der Zeit, als mein Bruder und ich in die elfte Klasse kamen, hatte er große Sorge, dass wir und unsere Freunde das Interesse an unserer Kirche verlieren könnten. Also nahm er die Sache selbst in die Hand.

Er kaufte der Stadt einen Bus ab, ließ alle Sitze herausreißen, Bänke und eine kleine Küche installieren und startete mit einigen seiner Freunde einen Club für die Jungs unserer Gemeinde. Mit diesem Bus unternahmen wir Reisen durch ganz Amerika.

Es war abzusehen, dass unsere Reisen alles andere als reibungslos verlaufen würden: Sie waren nicht gut geplant, das Essen war furchtbar, und einmal brach der Bus unterwegs zusammen. Aber was für ein Abenteuer! Wir fuhren mit ein paar Jungs und drei Vätern aus der Gemeinde in diesem Bus herum und erlebten alles Mögliche. Das war wirklich toll.

Unsere Kirche unterstützte ein Missionszentrum für Obdachlose in unserer Stadt. Mein Vater war immer mit Sach- und Geldspenden dabei, damit das Projekt weiterlaufen konnte.

Dann gab es da noch die Städtische Nervenklinik, zu der mein Vater jeden Sonntagmittag fuhr. Er ging zu einer Station, auf der alte, unansehnliche und vergessene Frauen lagen, die man dorthin zum Sterben abgeschoben hatte. Mein Vater, dieser erfolgreiche, weltmännische, attraktive Mann, ging jeden Sonntag dorthin. Er brachte Stühle mit und stellte sie auf. Ein von ihm engagierter Organist begleitete für dreißig oder vierzig Minuten Choräle, während mein Vater diese Frauen beim Singen anleitete. Und das, obwohl die meisten von ihnen kaum singen konnten. Das war sein Gottesdienst für diese Frauen.

Das Verrückte war, dass sich die Frauen, obwohl der Gottesdienst erst um ein Uhr anfing, immer schon um zehn Uhr in dem Raum versammelten, denn dies war der einzige Besuch von außerhalb, den sie überhaupt bekamen.

Mein Vater schleppte mich zu diesen Gottesdiensten mit, manchmal gegen meinen Willen. Wenn dann der Gottesdienst vorbei war, stand er an der Tür, und ungefähr fünfzig Frauen standen Schlange, um meinen Vater zu begrüßen und ihm die Hand zu schütteln. Manche Frauen waren so verwirrt, dass sie Dinge sagten, die überhaupt keinen Sinn ergaben. Manche von ihnen umarmten meinen Vater stürmisch.

Ich stand als junger Mensch daneben, mitten in einer Lebensphase, in der ich versuchte, herauszufinden, was cool ist. Ich erinnere mich daran, dass ich zusah, wie mein Vater die Lieder mit diesen Frauen sang und wie die Frauen ihn hinterher begrüßten. Und ich weiß noch, dass ich dachte: »Das ist echt cool! Der macht das hier einfach so, ganz alleine. Und er tut es, weil er von dieser Arbeit aus tiefstem Herzen überzeugt ist. Er bekommt keine Anerkennung dafür. Hier ist kein Kamerateam dabei. Mein Vater wird nicht dafür bezahlt, dass er das tut. Er macht es nicht für seinen Status, sondern weil Gott ihn dazu motiviert. Das ist unglaublich cool!«

Kurz bevor mein Vater starb, vermachte er der Willow-Creek-Gemeinde, in der ich gerade als Pastor angefangen hatte, ein Grundstück in Michigan. Wir bauten auf dem Grundstück ein Freizeitheim mit dem Namen »Paradise-

Camp«. Viele Familien sind über die Jahre dort gewesen und haben zusammen wunderschöne Tage erlebt. Mein Vater hat dieses Grundstück für ein Freizeitheim zur Verfügung gestellt, weil ich selbst auf einer Freizeit zum Glauben gefunden habe. Er hatte die Idee, dass durch dieses Projekt vielleicht auch andere Kinder Jesus kennen lernen könnten.

All die Jahre habe ich beobachten können, wie mein Vater mir einen lebendigen Glauben vorlebte. Für ihn war es so wichtig, am Gemeindeleben teilzunehmen, dass er keinen Gottesdienst verpassen wollte. In Willow Creek haben wir für den Winter eine Abmachung getroffen, die wir die 30/60 Regel nennen. Wenn es 30 Grad unter Null ist oder 60 Zentimeter Schnee liegen, fällt der Gottesdienst aus. Bei meinem Vater hieß die Regel 60/120. Es gab nichts, aber auch gar nichts, was ihn davon abgehalten hätte, zu sagen: »Wir gehen in den Gottesdienst.«

Ebenso hat in meiner Erinnerung mein Vater nicht ein einziges Mal in zwanzig Jahren den Klingelbeutel an sich vorübergehen lassen, ohne Geld hineinzulegen. Er gab immer den Zehnten seines Einkommens und weit darüber hinaus. Es war allgemein bekannt, dass Menschen in Not bei ihm Hilfe fanden. Er hatte ein großzügiges Herz und spendete treu für das Reich Gottes. Seine Haltung hatte großen Einfluss auf mich.

Normalerweise ist die Studienzeit eine Gelegenheit, sich von zu Hause abzulösen und sein eigenes Leben zu führen. Aber als ich auf die Hochschule nach Iowa ging, stand ich am ersten Sonntagmorgen, den ich weit weg von zu Hause verbrachte, auf und ging zur Kirche. Keiner meiner Mitbewohner tat das. Von uns Studenten saß ich allein in der Kirche, kannte niemanden und gab von den fünf Dollar in meiner Tasche einen für das Opfer. Es ist in meinen Genen. Ich lebe mein Leben so, wie ich es für richtig halte. Ich möchte Teil der Kirche am Ort sein und großzügig von dem abgeben, was ich besitze. Ich möchte beten und Gott dienen. Ich kann es mir nicht anders vorstellen!

Wenn wir als Väter Gott lieben, ihm dienen und an ihn glauben, wenn wir unseren Söhnen und Töchtern Mut machen, ihr Leben mit Gott zu leben, dann hat das große Auswirkungen auf unsere Kinder. Davon bin ich überzeugt. Für mich war es das größte und wichtigste Geschenk, das mir mein Vater gemacht hat.

Die größte Bewährungsprobe für den Glauben meines Vaters war es, als ich in sein Büro ging und ihm sagte, dass Gott mich aus unserem Familienunternehmen heraus und in den kirchlichen Dienst gerufen hatte. Dies zu akzeptieren, war sehr schwer für ihn. Er hatte 35 Jahre seines Lebens gehofft, dass mein Bruder und ich eines Tages sein Unternehmen weiterführen würden. Aber er ließ mich gehen und machte mir auf meinem neuen Weg Mut.

Mein Vater hat mich reich beschenkt: Mit einem stabilen Zuhause, mit einem guten Gespür für die eigene Persönlichkeit, mit der Liebe zur Arbeit. Er zeigte mir, wie man Freundschaften lebt. Er forderte mich heraus und stärkte mein Selbstvertrauen. Und er gab mir ein gutes geistliches Erbe mit.

Aber ich habe mir vorgenommen, ausgewogen von meinem Vater zu erzählen. Und bloß weil ich durch meinen Vater reich beschenkt wurde, hatte ich noch lange nicht alles, was ich gebraucht hätte. Manches hätte ich mir anders gewünscht. Ich möchte kurz ein paar Geschenke nennen, die ich von meinem Vater *nicht* bekam.

Das erste war Zeit. Mein Vater war ein sehr beschäftigter Mann. Ich kann mich kaum daran erinnern, dass ich mit meinem Vater einfach nur mal ein paar gemütliche

Stunden verbracht hätte. Dafür war er viel zu wenig da. Lange Spaziergänge, zusammen frühstücken oder sich einfach nur unterhalten, das gab es bei meinem Vater nicht. Wenn es um den Einsatz seiner Zeit ging, stand ich auf seiner Prioritätenliste weit unten, und das wusste ich auch.

Im Lauf meiner Schulzeit spielte ich in verschiedenen Sportteams mit. Aber obwohl es oft um wichtige Titel ging, kann ich die Male, die mein Vater kam, um mich anzufeuern, an einer Hand abzählen. Einmal gewannen wir im Fußball sogar ein Endspiel. Doch er kam einfach nicht zu solchen sportlichen Veranstaltungen.

Das zweite Geschenk, das ich nicht bekam, war emotionale Nähe. Mein Vater war nicht besonders gefühlvoll und sensibel. Ich kann mich nicht daran erinnern, dass er sich je für meine Gefühle interessiert hätte. Er versuchte nie zu erfahren, was in meinem Inneren vor sich ging oder wie es um mein Seelenleben bestellt war. Seine eigenen Gefühle brachte er auch nur selten zum Ausdruck. Ich kann mich nicht erinnern, je von ihm gehört zu haben, dass er mich lieb hatte oder dass ich ihm wichtig war oder dass er an mich gedacht hatte, wenn er oder ich verreist gewesen war. Wenn wir tatsächlich einmal miteinander redeten, unterhielten wir uns über das Geschäft oder über irgendwelche Freizeitaktivitäten. Mein Vater war, was Gefühle anging, sehr unbeholfen. Ich weiß nicht, warum es so schwer für ihn war. Aber ich habe seine emotionale Nähe sehr vermisst.

Das dritte Geschenk, das ich nicht erhielt, hängt mit der emotionalen Nähe sehr eng zusammen, und das waren Berührungen. Ich kann mich nicht daran erinnern, dass mein Vater mir körperlich gezeigt hätte, wie lieb er mich hatte. Ich nehme zwar an, dass er mich als Baby gehalten und umarmt hat, doch davon weiß ich nichts mehr. Aber ich kann mich an kein einziges Mal erinnern, an dem er seinen Arm um mich gelegt hätte oder mich nah zu sich gezogen hätte. Ich glaube, ich habe noch nicht einmal einen flüchtigen Kuss von ihm bekommen.

Vor einigen Jahren war ich bei einem Freund zu Besuch. An diesem Abend kam sein zwanzigjähriger Sohn nach Hause. Er war für einige Wochen unterwegs gewesen, und Vater und Sohn umarmten sich herzlich zur Begrüßung, um dann Arm in Arm ins Wohnzimmer zu gehen. Als ich sie so sah, war ich innerlich wie erstarrt. Ich hätte selbst nicht genau sagen können, was da innerlich in mir vorging.

Mein Vater hat mir, was körperliche Nähe anging, nichts mitgegeben, und das hat sich auf mich ausgewirkt. Bis heute reagiere ich etwas empfindlich, wenn Menschen mir »zu nahe kommen«. Wenn mich heute Freunde umarmen, überspiele ich mein Unbehagen mit Bemerkungen wie: »Ach, das war schon alles? Hat's denn gut getan?«

Ich wünschte mir sehr, mein Vater hätte mir mehr Zeit und emotionale und körperliche Nähe geschenkt. Aber das hat er nicht. Ich habe wunderbare Geschenke von ihm bekommen. Aber manches habe ich sehr vermisst! Ich glaube, dass auch mein Vater von seinem Vater nicht alles bekam, was er als Kind gebraucht hätte. Und so geht es wahrscheinlich allen Menschen.

Wie können wir nun als Töchter und Söhne mit dieser Tatsache umgehen?

Wir können natürlich einfach nur an all die guten Geschenke denken und den Kopf in den Sand stecken, wenn es um die Dinge geht, die wir nicht bekommen haben und schmerzhaft vermissen. Die meisten Menschen machen das so. Sie verklären ihre Väter zu Idolen und verdrängen den Schmerz, den sie erfahren haben. Sie idealisieren ihre

Väter zu Helden und leben ansonsten ihr Leben. Ich habe das lange Jahre mit meinem Vater genauso gemacht. Es ist durchaus eine Möglichkeit, nur das Gute am eigenen Vater hervorzuheben und den Rest zu vergessen.

Eine andere Möglichkeit ist, es andersherum zu machen und sich vor allem auf die Dinge zu konzentrieren, die man vom eigenen Vater nie bekommen hat. Auf diese Weise kann man sich richtig in eine Wut auf den Vater hineinsteigern. Heutzutage passiert das ziemlich häufig und wird oft sogar als Therapie verkauft. Es ist allerdings eine Art der Therapie, die am Ende nicht befreit.

Ich fände es klug, sich eine dritte Alternative anzuschauen. Ich glaube, es ist weise, hinzusehen und anzuerkennen, wo unsere Väter uns reich beschenkt haben. Und genauso ist es wichtig, ehrlich zu werden bei den Dingen, die uns gefehlt und uns wehgetan haben. Den Schmerz und die Enttäuschung darüber kann man am besten mit liebevollen Menschen teilen, die zuhören und beraten können. Dazu ist man nicht immer und zu jeder Zeit des Lebens bereit.

Aber wenn die Zeit gekommen ist, dann können wir vielleicht unseren tiefen Schmerz zulassen und betrauern. Und vielleicht können wir mit der Hilfe Jesu unseren Vätern nach und nach vergeben, die Vergangenheit loslassen und unsere Väter segnen. Der Weg dorthin ist nicht einfach. Es scheint viel leichter zu sein, zu verdrängen, unsere Väter zu Idolen zu machen oder zum Vaterhasser zu werden.

Dennoch glaube ich, dass der einzig gute und gesunde Weg der ist, die Geschenke zu feiern, die uns in unserem Leben begegnet sind, und den Rest zu verarbeiten, zu betrauern und mit der Zeit zu vergeben. Ich habe diesen dritten Weg gewählt. Und ich hoffe, dass viele Söhne und Töchter den Mut dazu haben werden.

Neulich sprach ich bei einer Konferenz der Promise Keepers in einem großen Stadion in Washington. Da Vatertag war, waren viele Väter mit ihren Söhnen gekommen. Insgesamt waren wir 50 000 Menschen.

Dieses Erlebnis hat mich sehr bewegt. Im Flugzeug, auf dem Weg nach Hause, dachte ich über meinen Vater nach, und darüber, wie mein Leben verlaufen ist, welche Entscheidungen ich getroffen habe und welche Überzeugungen ich lebe.

Drei Gedanken beschäftigten mich auf diesem Rückflug besonders. Erstens war ich Gott gegenüber zutiefst dankbar für den Vater, den er mir gegeben hatte – inklusive aller Fehler und Schwächen. Ich war so froh, der Sohn von Harold Hybels zu sein. So tief hatte ich das bisher nie empfunden wie in diesem kurzen Dankgebet: »Danke, Gott, dass er mein Vater war und dass ich sein Sohn bin.«

Das zweite, was in mir aufstieg, war der große Wunsch, fünf Minuten mit meinem Vater zu verbringen und mich von Mann zu Mann mit ihm zu unterhalten. Da mein Vater nicht mehr lebt, war dies leider nicht möglich. Aber ich trug diese Sehnsucht in mir, und hätte ich die Möglichkeit dazu gehabt, dann hätte ich ihm in die Augen geschaut und ihm für all die guten Dinge gedankt, die er mir geschenkt hat. Vielleicht hätte ich gesagt: »Dad, du hast mir große Geschenke gemacht, du hast mir ein gutes und stabiles Zuhause gegeben und mir geholfen, meine Persönlichkeit zu entfalten. Du hast mich herausgefordert und mir eine geistliche Heimat geschenkt. Vielen, vielen Dank dafür.«

Und wahrscheinlich hätte ich dann ein P. S. angefügt und gesagt: »Dad, manche Dinge habe ich von dir nicht bekommen. Und das hat mir sehr weh getan. Aber ich bin jetzt selbst ein Mann. Ich habe mich mit den Enttäuschungen und Verletzungen auseinander gesetzt und habe sie verarbeitet. Und ich habe dir vergeben, dass du Schwächen hattest und Fehler gemacht hast. Ich will dich segnen und dich an diesem Tag feiern.«

Schließlich dachte ich noch daran, dass mein Vater als Christ gelebt hat. Er hat sich zu Jesus gewandt und seine Fehler zu ihm gebracht. Und weil ich das Gleiche getan habe, weiß ich, dass wir die Ewigkeit zusammen verbringen werden. Und auf einmal war ich freudig gespannt auf die Zeit nach unserem Leben auf dieser Erde. So hatte ich das lange nicht mehr empfunden. Und ich war in diesem Moment sehr dankbar, dass sowohl mein Vater als auch ich Jesus kannten und liebten.

Die drei beliebtesten Erziehungsfehler

Es gibt einen schönen Trick, wie man langweilige Partys beleben kann: Man muss einfach nur die eingeladenen Gäste nach dem peinlichsten Fehler fragen, der ihnen je passiert ist. Ich habe das vor einiger Zeit in einer Gruppe von Pastoren ausprobiert. Es hat wunderbar funktioniert!

Einer der Pastoren erzählte uns zum Beispiel von folgendem Erlebnis: Er musste zu einer Hochzeit, die er halten sollte, und er war sehr spät dran. Auf dem Weg zur Kirche fuhr er wie ein Verrückter, um es noch pünktlich zu schaffen. Dort angekommen, rannte er in sein Büro im anliegenden Gemeindehaus, um schnell seine Bibel und die Notizen für die Predigt zu holen. Er konnte schon das Orgelvorspiel in der Kirche hören! Er kam schließlich genau in dem Moment in den Gottesdienst, als der Vater die Braut zum Altar führte und ihre Hand in die des Bräutigams legte. Der Pastor hatte es gerade eben so geschafft, und innerlich betete er erleichtert: »Danke, Gott, danke! Es passieren tatsächlich noch Wunder!«

Doch die Erleichterung hielt nicht lange an. Plötzlich fiel ihm auf, dass er nicht wusste, wie die beiden Leute hießen, die er trauen sollte! Er hatte keinerlei Anhaltspunkte, nichts, was ihm hätte helfen können! Seine Gemeinde war so groß, dass ein anderer Mitarbeiter das Traugespräch vor der Hochzeit übernommen hatte. Und nun fiel ihm zu spät ein, dass er vergessen hatte, nach den Namen zu fragen. Ein sehr peinlicher Fehler. So stand er vor dem Brautpaar in der Kirche und fragte sich fieberhaft: »Wer ist diese Frau? Und wie heißt dieser Mann?«

Glücklicherweise kann dieser Pastor, der einen leichten

Hang zur Dramatik hat, mit heiklen Situationen umgehen. Er versuchte also eine direkte Anrede zu vermeiden, wurde erfinderisch und fragte beim Trauversprechen einfach die Braut: »Willst du diesen Mann als deinen rechtmäßigen Ehemann annehmen?« Und dann den Bräutigam: »Willst du diese Frau als deine rechtmäßige Ehefrau annehmen?« Um dem Ganzen die Krone aufzusetzen, drehte er sich dann zur Gemeinde und sagte feierlich: »Meine Damen und Herren, Gott hat diesen Mann und diese Frau zu Eheleuten gemacht. Hier stehen sie nun vor Ihnen! Freuen Sie sich mit dem Brautpaar!«

Die Orgel spielte das Ausgangslied, und das Brautpaar schritt den Gang entlang zur Kirchentür hinaus. Draußen wurden sie von ihrer Familie umarmt. Freunde standen Schlange, um ihnen zu gratulieren. Niemand hatte gemerkt, dass der Pastor ihre Namen nicht wusste! Er hatte es irgendwie geschafft, sich aus der peinlichen Lage zu retten! Ein schwerer Fehler, der glücklicherweise keine Konsequenzen nach sich zog.

Einmal war ich mit einer Gruppe von Sportlern unterwegs, und uns war allen ein bisschen langweilig. Um uns die Zeit zu vertreiben, fragte ich auch sie nach dem peinlichsten Fehler, der ihnen jemals unterlaufen war. Einer von ihnen erzählte, dass er als Oberschüler bei allen Basketballspielen fast ständig auf der Reservebank gesessen hatte. Aber in einem wichtigen Endspiel, das kurz vor dem Abitur stattfand, mussten einige seiner Mannschaftskameraden ausgewechselt werden, weil sie andere gefoult hatten. Er fing an zu hoffen: »Vielleicht kann ich doch noch mitspielen! Im Endspiel! Meine Familie und meine Freunde sind hier. Vielleicht werden sie mich endlich mal spielen sehen!«

Sein Herz fing an, schneller zu schlagen, und seine Hände wurden ganz schweißnass. Und dann foulte wieder ein

Spieler, musste vom Platz, und der Trainer rief ihm zu: »Auf den Platz mit dir!« Voller Eifer riss sich der junge Sportler die Jacke von den Schultern, streifte hastig die Trainingshose von den Beinen und rannte auf den Platz. Auf einmal fühlte es sich unterhalb seines Trikots seltsam kühl an. Er hatte mehr als seine Trainingshose ausgezogen! Da stand er nun mitten auf dem Platz, es war das Endspiel, und er hatte nur noch seine Unterhose an! Dieser Fehler hatte allerdings Konsequenzen. Bis zum Abitur wurde der junge Mann von seinen Mitschülern nur noch »Flitzer« genannt.

Mein Fragespiel funktioniert auch so gut wie auf jeder Party. Wir sind eben alle Menschen und machen unsere ganz persönlichen Fehler. Viele Situationen, die uns erst peinlich sind, werden später zu den lustigsten Geschichten unseres Lebens. Und das ist gut so. Aber es gibt auch Fehler, die anders sind. Diese Fehler werden mit der Zeit nicht lustig, sondern eher immer tragischer. Dazu gehören auch die Fehler, die Eltern bei der Erziehung ihrer Kinder machen und die sie später oft bereuen.

Da ist zum Beispiel der kleine zweijährige Tommy. Er ist kaum zu zügeln und wird schnell wütend. Doch seine Eltern finden ihn »einfach süß«. Als Tommy zwölf ist, ist er nicht mehr ganz so süß. In der Schule muss er nachsitzen, weil er sich auf dem Schulhof prügelt. Mit zweiundzwanzig Jahren schlägt er seiner Frau ein blaues Auge. Mit zweiunddreißig wirft er seinen eigenen kleinen Sohn in einem Anfall von ungezügelter Wut in eine Glasscheibe. Der ehemals »süße« kleine Tommy hat sich zum ausgewachsenen »Monstrum« gewandelt.

Gravierende Fehler, die Eltern machen, sind nicht lustig. Mit den Jahren zeigen diese Fehler immer schlimmere Auswirkungen. Als Eltern wünschten wir uns oft, jemand hätte uns vorher gewarnt. Manchmal wussten wir es wirklich nicht besser. Viele Fehler könnten vermieden werden, aber um sie zu vermeiden, müsste man sie kennen. Wenn ich mit Eltern spreche, dann begegnen mir immer wieder drei Bereiche, in denen die größten erzieherischen Fehler gemacht werden: Erstens wissen Eltern oft nicht, wie sie ihren Kindern Grenzen setzen und mit Übertretungen angemessen umgehen sollen. Zweitens haben Eltern oft Schwierigkeiten im Umgang mit den Gefühlen ihrer Kinder. Und drittens fällt es vielen Eltern schwer, ihren Kindern gute Charaktereigenschaften weiterzugeben und ihnen zu einem starken Selbstwertgefühl zu verhelfen. Im Nachhinein bedauern viele Eltern gerade diese Fehler.

Gibt es eine gesunde Art, unseren Kindern Grenzen zu setzen? Was tun, wenn Kinder sich nicht an Abmachungen halten? Es gibt Eltern, die sagen: »Ich war viel zu hart zu meinen Kindern. Wie ein Feldwebel habe ich mich aufgeführt. Meine Kinder hatten ständig Angst, dass sie mich verärgern könnten.« Andere Eltern erzählen: »Ich habe mal hü und mal hott gesagt. Meine Kinder wussten nie, woran sie waren.« Wieder andere bedauern: »Ich habe viel zu oft die Kontrolle über mich verloren. Ich habe Dinge gesagt und getan, die mir im Nachhinein sehr Leid tun.« Dann gibt es da auch Eltern, die ihren Kindern alles erlaubten: »Ich hab niemals wirklich Grenzen gezogen. Ich habe meinen Kindern nicht klargemacht, dass sie manchmal falsche Maßstäbe hatten. Heute sehe ich, welche Auswirkungen das hat. Meine Kinder zahlen jetzt den Preis dafür, dass ich Fehler gemacht habe. Sie sind unverantwortliche junge Menschen, die sich in Probleme verstricken. Ich verstehe das jetzt. Damals war ich blind.« Ich glaube, die meisten Eltern können sich mit mindestens einer dieser Aussagen identifizieren.

Wenn man Eltern fragt, was sie im Nachhinein anders

machen würden, dann gehören Fehler, bei denen es um Werte, Grenzen und Bestrafung geht, zu den »Top Ten« auf der Liste. Viele davon hätten vermieden werden können, wenn diese Eltern wenigstens ein paar erzieherische Grundregeln vermittelt bekommen hätten. Das große Thema Erziehung lässt sich natürlich nicht so schnell abhandeln. Schließlich lernen wir als Eltern täglich dazu. Aber vielleicht helfen ein paar erste Denkanstöße schon weiter.

Die Bibel sagt uns, dass Kinder klare Grenzen brauchen. In Sprüche 22,15 steht: »Kinder neigen zu Dummheiten; strenge Erziehung wird sie davon heilen.« Die Bibel lehrt uns also, dass schon die kleinsten Kinder ichbezogen sind und dass der Hang zum Aufbegehren und Rebellieren in ihnen steckt. Kleine und große Kinder können lügen, manipulieren und sich ihren Vorteil sichern. Als Eltern müssen wir uns diesen Tendenzen entgegenstellen. Wir müssen unseren Kindern dabei helfen, die dunklen Seiten in ihrem Inneren zu erkennen und unter Kontrolle zu halten. Das können Kinder nur von uns lernen. Wenn wir das verpassen, kann es sein, dass das sündige Wesen im Herzen unserer Kinder überhand gewinnt. In Sprüche 13,24 steht, dass wir letztendlich das Leben unserer Kinder zerstören, wenn wir ihnen gerechte und angemessene Strafen ersparen.

Jeder kennt Kinder, denen alles erlaubt wird. Da ist zum Beispiel die süße dreijährige Melissa, die ab und an kleine Lügengeschichten erzählt. Ihre Eltern sind davon überzeugt, dass sich das auswächst. Mit dreizehn Jahren belügt Melissa ihre Eltern, wenn sie gefragt wird, wo sie Freitagabend war. »Ach, das tun doch alle Teenager von Zeit zu Zeit!«, denken ihre Eltern. Mit dreiundzwanzig Jahren verliert Melissa ständig ihre Jobs, weil die Arbeitgeber schnell merken, dass sie ihr nicht vertrauen können. Die dreiunddreißigjährige Melissa hat gerade eine Scheidung hinter sich, weil ihrem Mann klar geworden ist, dass sie nie die Wahrheit sagt. Und als Melissa dreiundvierzig ist, lebt sie isoliert und ist als krankhafte Lügnerin verschrien. Ihre Zukunft verspricht ihr nichts als Einsamkeit. Wenn ihre Eltern ihre kleinen Lügengeschichten nur nicht so süß gefunden hätten! Sie hätten ihrer Tochter damals deutlich machen müssen, dass Lügen niemals »süß« sind und dass sie negative Folgen haben.

Eltern, die ihre Kinder lieben, sollten lernen, dass diese Liebe sich manchmal nicht in Nachgiebigkeit, sondern in Strenge zeigt. Das ist das »A« des kleinen Erziehungs-ABCs: Kinder brauchen feste Grenzen.

Als Eltern müssen wir unseren Kindern klar sagen, was wir von ihnen erwarten. Unsere Kinder müssen außerdem wissen, was passiert, wenn sie sich nicht an die Regeln halten, und wie die Belohnung aussieht, wenn sie gehorchen. Abmachungen sind dazu da, dass man sie einhält. Das gilt für Eltern wie für Kinder. Hier geht es nicht um militärische Disziplin, dennoch müssen wir als Eltern konsequent und weise handeln. Das kann natürlich von Situation zu Situation anders aussehen.

Der kleine Michael weiß genau, dass seine Eltern ihm verboten haben, aus dem Garten wegzulaufen. Im Garten darf er spielen. Die Grenzen sind klar formuliert. Und trotzdem reizt es ihn, auszuprobieren, ob er weiter als bis zur Hecke kommt. Nur mal mit einem Fuß auf den Bürgersteig. Dann mit dem anderen. Er weiß genau, dass er das nicht darf, und trotzdem spaziert er auf dem Bürgersteig. Wenn Michaels Eltern ihrem Sohn erlauben, die Grenzen immer weiter zu überschreiten, wird das Auswirkungen haben. Ihr Sohn kennt die Regel und hat sie absichtlich gebrochen. Er muss wissen, dass er dies nicht tun darf.

Aber vielleicht hat Michael ja bloß die Regel vergessen? Vielleicht will er gar nicht absichtlich ausprobieren, wie weit er gehen kann, bis die Eltern reagieren? Es gibt Umstände, die seine Eltern in Betracht ziehen müssen, bevor sie den kleinen Michael zu hart bestrafen.

Wenn wir unsere Kinder zur Rechenschaft ziehen, dann sollten wir dabei weise sein. Ja, Ungehorsam muss beim Namen genannt und bestraft werden. Aber im angemessenen Rahmen. Manche kleinen Kinder brauchen vielleicht einen Klaps auf den Hintern. Vielleicht hilft es aber schon, dass wir ihnen einfach in die Augen sehen und sagen: »Das war nicht gut. Morgen hältst du dich an die Regel.«

Wir brauchen Weisheit, um zu entscheiden, wann was angebracht ist. Und diese Weisheit gewinnen wir durch viel Gebet, durch Bibellesen und Gespräche mit erfahrenen Eltern, die wir als Vorbild ansehen. Ältere Kinder verstehen, was es bedeutet, wenn sie zusätzliche Hilfe im Haus leisten müssen oder ihnen bisherige Privilegien gestrichen werden. Allerdings sollten sie wissen, warum sie bestraft werden und warum genau diese Strafe gewählt wird. Manchmal müssen Kinder auch einfach lernen, sich zu entschuldigen und es wieder gutzumachen, wenn sie jemandem Schaden zugefügt haben.

Unsere Erziehung soll nicht von Verboten geprägt, sondern konstruktiv und fördernd sein. Außerdem verstehen Kinder Verbote besser, wenn wir ihnen Folgendes erklären: »Ich habe dich so lieb. Und das ist nicht gut für dich. Darum erlaube ich es dir nicht.«

Meine Tochter Shauna hat einen Dickkopf. Todd, unser Sohn, ist hingegen sehr fügsam. Ich glaube, dass wir Shauna, verglichen mit Todd, ungefähr dreimal so oft bestrafen mussten. Aber wenn alles vorbei war, habe ich Shauna oft in den Arm genommen und zu ihr gesagt: »Du bedeutest mir so viel! Und du bedeutest Gott so viel! Dein Leben ist so wichtig, du hast so eine wunderbare Zukunft vor dir. Ich kann nicht zulassen, dass du so lebst und dir solche dummen Dinge angewöhnst, wie ich es vorhin bei dir gesehen habe. Es steht so viel für dich auf dem Spiel. Ich hoffe, du verstehst das.« Manchmal hat mich Shauna, obwohl ich sie gerade erst bestraft hatte, umarmt und gesagt: »Papa, ich hab dich lieb!« Diese Momente gehören zu meinen kostbarsten Erinnerungen.

Es ist befreiend, wenn man zu einem Kind, nachdem man es bestrafen musste, sagen kann: »Jetzt ist es vorbei. Du hast den Preis für deine Dummheit bezahlt. Ich werde das nicht wieder hervorkramen. Komm, wir fangen zusammen von vorne an!« Das ist, als ob man ein neues Kapitel aufschlägt. Alles Alte ist vergessen. Es weht ein neuer, frischer Wind in der Beziehung zwischen den Eltern und ihrem Kind. Kinder müssen lernen, Grenzen zu akzeptieren und Regeln zu beachten. Aber dies muss in Weisheit und mit Liebe geschehen!

Es kann sehr anstrengend sein, wenn ein Trüppchen von Kindergarten- und Schulkindern achtzehn Stunden am Tag im Haus herumrennt. Manchmal besteht der Alltag von Eltern nur noch aus Sätzen wie: »Nein! Lass das! Heb das auf!« Es kann ermüdend werden und man möchte am liebsten aufgeben. Dann hilft es, sich daran zu erinnern, dass diese anstrengende Phase vorbeigehen wird. Wir müssen dran bleiben in der Erziehung, denn es geht um die Zukunft unserer Kinder! Was sie in ihrer Kindheit lernen, nehmen sie in ihr weiteres Leben mit. Was wir jetzt in unsere Kinder und Familie investieren, wird sich später auszahlen.

Und selbst wenn wir überfordert waren und Fehler gemacht haben, ist es doch nie zu spät, sie zu bereuen und zu unseren vielleicht schon fast erwachsenen Kindern zu sagen: »Es tut mir Leid. Ich war zu streng mit dir.« Oder auch: »Ich habe nie Grenzen gesetzt und du warst verunsichert. Ich wusste es nicht besser. Das tut mir Leid.« Diese Worte werden Auswirkungen haben, egal, wie alt unsere Kinder sind. Wenn wir um Verzeihung bitten, kann vielleicht eine neue Freundschaft entstehen und die Heilung alter Wunden beginnen.

Einer meiner Freunde, ein sehr starker und weiser Mann, ist Professor. Er erzählte mir einmal davon, wie er zu seiner ältesten Tochter eben jene Worte gesagt hatte: »Es tut mir Leid. Ich habe dir weh getan.« Das hat mich sehr berührt. Dieser Mann strahlt große Autorität aus und war dennoch demütig genug, sich bei seiner Tochter zu entschuldigen, als er spürte, dass Gott ihn auf einen Fehler hinwies.

Unsere Kinder brauchen nicht nur klare Grenzen, sondern auch einen liebevollen Umgang mit ihnen als eigner Persönlichkeit und ganz eigenen Gefühlen. Das ist der zweite Bereich auf der Hitliste der Dinge, die Eltern im Nachhinein bedauern: die Art und Weise, wie man in der Familie mit Gefühlen umging.

John Bradshaw ist ein sehr populärer amerikanischer Autor, dessen Bücher auch in andere Sprachen übersetzt wurden. Er möchte mit seinen Büchern Erwachsenen helfen, deren Gefühle in der Kindheit verletzt wurden. Seine Bücher heißen zum Beispiel »Wenn Scham krank macht« oder »Das Kind in uns«, um nur zwei von ihnen zu nennen. Ich würde nicht alle von John Bradshaws Ansichten blind unterschreiben, aber es fasziniert mich, dass dieser Autor Unmengen an Büchern und Kassetten verkauft und Vorträge in gefüllten Sälen hält, obwohl man seine Botschaft in *einem* Satz zusammenfassen könnte: »Unsere Gefühle sind wichtig!« Er und andere Psychologen, die auf diesem Gebiet tätig sind, fangen gerade erst an zu begreifen, wie groß der seelische Schaden ist, wenn die Gefühle eines Kindes nicht ernst genommen werden, wenn man sich über sie lustig macht oder wenn das Kind gezwungen ist, die eigenen Gefühle zu unterdrücken.

Leider haben viel zu viele Menschen als Kinder hören müssen: »Nun hör endlich auf zu heulen! Du willst doch keine Heulsuse sein!« Oder noch schlimmer: »Wenn du jetzt nicht aufhörst zu weinen, dann gebe ich dir mal einen richtigen Grund zu heulen! Stell dich gefälligst nicht so an!« Inzwischen weisen jedoch nicht nur John Bradshaw, sondern auch viele andere Fachleute Eltern eindringlich darauf hin, dass Gefühle wichtig sind und ernst genommen werden müssen. Es ist nicht schlimm, traurig zu sein. Traurigkeit ist ein Gefühl, das seine Berechtigung hat. Man sollte dazu ermutigen, Traurigkeit zuzulassen und zu zeigen. Leider wird Traurigkeit aber eher unterdrückt, weil sie als Schwäche gilt. Wenn bedrückende Gefühle heruntergespielt, als unangemessen bezeichnet oder als Schande angesehen werden, dann entsteht im Herzen des Kindes so etwas wie ein »emotionaler Kurzschluss«. Innerlich fliegen die Funken und im Herzen des Kindes »brennen die Kabel durch«, so dass es die Verbindung zu seinen Gefühlen verliert. Kinder, deren Gefühle verboten werden oder lächerlich gemacht werden, sind innerlich verwirrt. Und diese Verwirrung werden sie auch als Erwachsene ein Leben lang mit sich herumtragen.

In manchen Familien ist es verboten, Ärger und Wut zu zeigen: »Man kann sich auch im Griff haben!« Oder Aufregung und Freude werden unterdrückt: »Beim Essen wird nicht gealbert und gelacht! Benimm dich gefälligst!« Wieder andere Eltern machen sich über die Angst ihrer Kinder lustig. In Kolosser 3,21 steht: »Ihr Väter, erbittert eure Kinder nicht, damit sie nicht scheu werden!« Es gibt

Millionen von Erwachsenen, deren inneres Kind immer noch verbittert ist, weil seine Gefühle von den Eltern zurückgewiesen wurden. Manche von ihnen finden vielleicht als Erwachsene langsam heraus, warum sie mit ihren Gefühlen nicht klarkommen: Als sie klein waren, konnten die Eltern mit dem breiten Gefühlsspektrum des Kindes nicht richtig umgehen. Und viel zu oft führte das dazu, dass bestimmte Gefühle als etwas angesehen wurden, für das man sich schämen musste, was verboten war und was man zu unterdrücken hatte. »Emotionale Zensur« wird so etwas manchmal genannt. Eine Zensur, die zerstörende Wirkung hat!

Vor einiger Zeit aß ich zusammen mit einem Freund in einem Restaurant. Er ist fünfzig Jahre alt und erzählte mir beim Essen, wie er als sieben- oder achtjähriger Junge einen Fehler gemacht und wie ihn seine Mutter damals hart bestraft und verbal in Stücke gerissen hatte. Ich glaube, es war das erste Mal, dass er einem Menschen davon erzählte. Und weil ich ihn mag und er mein Freund ist, konnte ich gut mitfühlen, wie weh ihm dieses Erlebnis immer noch tat. Das hat mich sehr erschüttert! Zweiundvierzig Jahre waren vergangen, aber das Kind in ihm trauerte noch immer!

Gott sei Dank wissen heutzutage viele Menschen um die emotionalen Wunden, die in der Kindheit geschlagen werden. Es gibt gut ausgebildete Therapeuten und Seelsorger, die uns sagen: »Was auch immer du in deiner Familie gehört hast, wenn es um deine Gefühle ging – ich sage dir heute, dass deine Gefühle wichtig sind! Jedes einzelne Gefühl ist berechtigt!« Diese Therapeuten haben wir bitter nötig. So viele Erwachsene tragen immer noch ein verletztes und einsames Kind in ihrem Herzen.

Therapeuten, die Christen sind, können uns daran erinnern, dass Gott Gefühle kennt und selbst tiefe Emotionen empfindet. Wenn wir uns die Bibel ein bisschen gründlicher ansehen, werden wir entdecken, dass wir nicht an eine göttliche Maschine glauben. Wir haben keinen fernen Roboter-Gott, den nichts berührt. Gott kennt unglaubliche Freude, tiefe Trauer und Zorn. Jesus lebte als Sohn Gottes auf dieser Erde. Das Neue Testament erzählt davon, dass Jesus sich freuen konnte, dass er Menschen lieb hatte und dass er manchmal sehr ärgerlich wurde. Gott und Jesus kennen Gefühle. Als Menschen sind wir zu Gottes Ebenbild geschaffen. Und genau deshalb haben auch wir Gefühle.

Als Eltern müssen wir unseren Kindern helfen, ihre Gefühle wahrzunehmen. Diese Gefühle müssen von uns bestätigt, ja, sogar willkommen geheißen werden! Es baut unsere Kinder auf, wenn wir regelmäßig mit ihnen über ihre Gefühle sprechen und ihnen helfen, sie zu deuten und mit ihnen umzugehen. Unsere Kinder müssen besonders lernen, auch ihre negativen Gefühle mitzuteilen, und zwar nicht auf zerstörerische Weise, sondern konstruktiv.

Einem zwölfjährigen Sohn kann man zum Beispiel erklären: »Es ist in Ordnung, dass du wütend bist. Ich werde auch manchmal wütend. Mama auch. Du darfst wütend sein. Es ist aber nicht gut, dass du in dein Zimmer gehst und vor lauter Wut Sachen kaputtmachst. Auch nicht, dass du deinen kleinen Bruder schlägst! Dann drückst du deine Wut so aus, dass sie Schaden anrichtet.«

Wut? Ja. Sachen kaputtmachen? Nein. Dürfen alle Gefühle bei uns zu Hause sein? Ja. Zerstörerischer Ausdruck der Gefühle? Nein.

Da gibt es eine Grenze. Und wir als Eltern sind dazu da, unseren Kindern beizubringen, wie sie ihre Gefühle wahrnehmen und in einer gesunden und guten Art und Weise ausdrücken können.

Manchmal sind wir unsicher, wie wir als Eltern unseren Kindern einen guten Umgang mit Gefühlen beibringen können. Dann sollten wir uns Hilfe suchen. Es gibt Menschen, mit denen wir reden können, und Bücher, die Tipps geben. Es ist nie zu spät damit anzufangen. Wir sitzen einer Lüge auf, wenn wir glauben, es ist alles zu spät, weil unsere Kinder schon fast erwachsen sind. Es ist immer noch früh genug zu sagen: »Es tut mir Leid. Ich konnte mit deinen Gefühlen nicht umgehen, weil ich meine eigenen unterdrückt habe. Vergib mir. Ich habe versucht, mein Bestes zu geben und habe dir trotzdem so wehgetan.« Es braucht Mut, vor sich und den eigenen Kindern zuzugeben, dass man große Fehler gemacht hat. Aber es heilt Herzen.

Wenn Eltern gefragt werden, was sie im Nachhinein bedauern, wird oft noch eine dritte Sache genannt: Sie bedauern nicht nur die Art, wie sie in der Erziehung Grenzen gesetzt haben und wie sie mit den Gefühlen ihrer Kinder umgegangen sind, sondern auch, dass sie es versäumt haben, die Persönlichkeit ihrer Kinder zu stärken.

Eines der besten Bücher über Erziehung, die ich bisher gelesen habe, trägt den Titel: *»Dinge, von denen wir wünschen, wir hätten sie gesagt«*. In diesem Buch schreibt ein sechsundzwanzigjähriger Sohn seinem Vater:

»Papa, du hast mir gesagt, dass die harten Zeiten, die du erleben musstest, die Opfer, die du in deinem Leben gebracht hast, und harte Arbeit dich zu der Persönlichkeit gemacht haben, die du heute bist. Du musstest kämpfen, um zu überleben. Und das hat dich zu einem Mann gemacht. Warum hast du mir diese Chance nicht gegeben? Hast du gedacht, dass ich im Luxus aufwachsen und trotzdem Persönlichkeit entwickeln könnte? Du hattest alle Kämpfe schon für mich gekämpft! Ist es dir nie in den Sinn gekommen, dass du mir dadurch die Chance genommen hast, zu solch einem Mann zu werden, wie du es bist?

Papa, guck mich doch an! Was habe ich schon groß leisten müssen? Ich bin ein Weißer, ein Protestant, der von zwei hochgebildeten Menschen erzogen wurde. Ich habe meine Kindheit in einer behüteten Kleinstadt im reichsten Land der Erde verbracht. Ich bin nie geschlagen worden, hatte niemals Hunger, wurde nie diskriminiert, war nie für irgendetwas zu arm. Selbst meine Ausbildung an einer Elite-Uni konnten wir uns leisten! Ich habe zwar in den Sommerferien gearbeitet, aber das Geld konnte ich für Dinge ausgeben, die ich zusätzlich haben wollte, denn alles, was ich zum Leben brauchte, hast du mir gekauft. Es ist schwierig, jemanden zu finden, der mehr Vorteile genossen hat als ich. Alles, was ich dafür tun musste, war, zum richtigen Zeitpunkt am richtigen Ort geboren zu werden. Aber das ist das Problem! Du hattest alles für mich erkämpft, bevor ich überhaupt irgendetwas tun konnte.

Deswegen kennst du dich viel besser, als ich mich je kennen werde. Du weißt, dass du stark bist und dich durchsetzen kannst. Du weißt, dass du dir den Platz erkämpfen kannst, an dem du in dieser Welt stehen willst. Deine Eltern konnten dir nicht alles geben, was sie dir gerne gegeben hätten. Aber es hat dich stark gemacht. Du hast mir alles gegeben. Aber damit hast du mir etwas weggenommen, das ich gebraucht hätte: die Chance, etwas alleine zu schaffen!

Ich mache mir Sorgen, wenn ich daran denke, was für eine Persönlichkeit ich überhaupt bin. Ich fürchte, dass ich nicht stark werden konnte, weil ich keine Kämpfe auszufechten hatte. Du bist ein toller Mann, Papa. Dafür bin ich sehr dankbar. Ich frage mich nur manchmal, wie ich jemals so ein starker Mann werden kann, wie du es bist.«

Ich breche normalerweise nicht einfach so in Tränen aus. Aber als ich diesen Abschnitt las, fing ich an zu weinen. Ich musste an die vielen Familien denken, in denen überbehütete Kinder aufwachsen. Kinder, die nie kämpfen müssen, die überall hin chauffiert werden. Kinder, die sich alles leisten können und es darum nicht nötig haben, sich durch Rasenmähen oder Babysitten Geld zu verdienen. Kinder, die, wenn sie erwachsen sind, niemals erst einmal mit einem kleinen Gehalt auskommen müssen.

Dann dachte ich an meinen eigenen Vater, der mich Situationen ausgesetzt hat, die teils sehr anstrengend, teils sogar gefährlich waren. Ich stand manchmal sehr unter Druck! Aber ich verstehe jetzt, dass ich damals die Möglichkeit hatte, daran zu wachsen und stark zu werden. Mein Vater war wohlhabend. Er hätte mir das alles ersparen können. Aber er war weise genug, dies nicht zu tun. Ich hatte die Möglichkeit, innerlich zu reifen und mutig und verantwortungsbewusst zu werden.

Meine Tränen galten auch meinen eigenen Kindern. Denn mir wurde bewusst, dass ich zu sehr versuchte, sie zu behüten, und ihnen damit die Chancen versagte, die ich selbst als Kind hatte. Wer zu Hause alles bekommt und immer behütet wird, wird wahrscheinlich mit dem echten Leben außerhalb der Familie Schwierigkeiten haben.

Jesus ist ein wunderbares Beispiel dafür, wie Eltern ihre Kinder für ihr späteres Leben ausrüsten können. Wir vergessen viel zu oft, dass Jesus, bevor sein öffentliches Wirken begann, schon dreißig Jahre als Zimmermannssohn gelebt hatte. Oft wird Jesus als mystischer, femininer Guru mit entrücktem Blick dargestellt. Wenn ich solche Bilder oder Filme sehe, möchte ich immer schreien: »Dieser Mann hat zwanzig Jahre mit harter Arbeit verbracht! Er war nur drei Jahre seines Lebens einer, der Menschen gelehrt hat!« Ehrlich gesagt, glaube ich, dass Jesus eher wie ein braun gebrannter Bauarbeiter aussah! Wie viel von seinem Charakter, von seiner Stärke und seiner Ausdauer hatte er wohl von seinem Vater Josef? Josef, der ihn Holz sägen und Fundamente legen ließ, der Jesus beibrachte, Mörtel zu mischen und mit den älteren Zimmerleuten klarzukommen. Vierzehn Stunden am Tag auf dem Bau. Und das in der heißen Sonne des Nahen Ostens! Ich bin mir sicher, dass diese Erfahrungen Jesus geformt haben und ihm die Stärke gaben, die er später brauchte.

Wenn wir unsere Kinder vor angemessene Herausforderungen stellen, wird ihnen dies helfen, innerlich zu wachsen. Es ist traurig, wenn wir unsere Kinder vor Schaden bewahren wollen, ihnen dabei aber jede Chance nehmen, stark und selbstständig zu werden. Kinder brauchen Aufgaben, die sie herausfordern, kreativ zu werden und durchzuhalten, bis eine Lösung gefunden ist. Wir können ihnen als Eltern dabei zur Seite stehen und ihnen Mut machen. Es ist ein Trugschluss zu glauben, dass wir unsere Kinder vor den Kämpfen des Lebens bewahren können. Aber wir haben die Chance, sie darauf vorzubereiten.

Das wird uns nie vollkommen gelingen. Eltern machen Fehler und werden immer wieder Fehler machen. Doch die Herausforderung an uns wie an unsere Kinder heißt, in den Kämpfen des Lebens nicht aufzugeben, weiter dazuzulernen und immer wieder aufzustehen und neu anzufangen.

Auf der Höhe des Lebens – die mittleren Jahre

Vor einigen Jahren wurde ich aufgrund einiger seltsamer Zufälle eingeladen, zwei Tage auf einem Flugzeugträger der Navy im Atlantischen Ozean zu verbringen. Da das Schiff noch voll in Betrieb war, lernte ich in dieser Zeit viel über Kampfflugzeuge und die Arbeit der Männer und Frauen auf dem Flugzeugträger. Aber am lebhaftesten erinnere ich mich an das, was passierte, als wir uns bereitmachten, das Schiff wieder zu verlassen. Zu diesem Zweck gab man uns Fluganzüge, Helme und Fallschirme. Als wir angewiesen wurden, uns die Fallschirme umzuschnallen, fragte einer der Gäste: »Was soll das alles?«, woraufhin der Dienst habende Seeoffizier ihm antwortete: »Es gibt nur einen Weg von diesem Flugzeugträger: Euer Flugzeug muss von Deck katapultiert werden.«

Ich weiß nicht, warum wir nicht schon vorher überlegt hatten, wie wir wieder von diesem Ding wegkommen würden. Aber als uns aufging, was mit uns passieren sollte, wurden wir alle sehr, sehr nervös. Kurz darauf fanden wir uns fest angeschnallt in einem Flugzeug am Ende des Flugzeugträgers wieder. Die Düsen unseres Jets liefen auf Hochtouren. Und dann schossen wir nur so hinaus.

Wie kann ich diese wenigen Sekunden beschreiben? Es war ein Gefühl, als ob einem die Lippen hinter die Ohren rutschten. Oder als ob einem die Augen tief in den Kopf gedrückt würden, so dass es sich anfühlt, als wenn man durch Röhren hinausschaut. Ehrlich gesagt, diese Sekunden waren berauschend!

Während wir an Flughöhe gewannen, stieß mich der Typ neben mir an und sagte: »Mann, das war ganz schön intensiv, was?« Und ich sagte: »Das ist das richtige Wort. Das war wirklich *sehr intensiv*!«

Ich erzähle diese Geschichte, weil mir keine bessere Beschreibung für die mittleren Jahre des Lebens einfällt, als dass sie für die meisten von uns *sehr intensiv* sind. Allein die Geschwindigkeit, mit der wir durch diese Zeit des Lebens jagen, fühlt sich so an, als wenn man von einem Flugzeugträger katapultiert würde. Wir rennen die meiste Zeit durch die Gegend, während unser Haar hinter uns herweht und unser Gehirn auf Hochtouren läuft.

Manchmal nennen wir in unserer Gemeinde diese Zeit »die Jahre, die uns zermalmen«, weil zu eben jener Zeit so viele Faktoren unsere Aufmerksamkeit erfordern und verschiedenste Kräfte uns in alle Richtungen ziehen. Es sieht ganz danach aus, als bliebe uns nichts anderes übrig, als uns den Helm aufzusetzen, den Fallschirm zu nehmen und uns anzuschnallen.

Ich selbst bin durch die Phase der mittleren Lebensjahre so gut wie hindurch. Bei mir zu Hause sind die »Jungvögel ausgeflogen«, das heißt, meine Kinder sind inzwischen an der Westküste auf einem College. Das Leben hat sich ein wenig beruhigt. Aber wenn ich zurückblicke, dann kann ich sagen, dass *intensiv* genau das Wort ist, das mein Leben der letzten zwanzig Jahre am besten beschreibt.

Ich glaube, das Leben der allermeisten Menschen, die sich in den mittleren Jahren befinden, ist sehr intensiv. Ich skizziere mal kurz, warum das so ist:

Die meisten Leute heiraten am Anfang der mittleren Jahre. Braut und Bräutigam wünschen sich, dass ihre Ehe eine wunderbare und für beide erfüllende Erfahrung wird. Aber meistens sind sie noch gar nicht lange verheiratet, und schon melden sich Konflikte und Missverständnisse.

Dann, eines Abends, sitzt unser Ehepaar, das doch immerwährende Glückseligkeit genießen wollte, sich im

Restaurant gegenüber und muss feststellen: »Wenn wir nicht aufpassen, machen wir unsere Ehe kaputt!« Also sagen sie sich: »Das wollen wir nicht. Wir werden mehr in unsere Beziehung investieren, damit wir zusammenbleiben und unsere Gemeinsamkeit wächst.«

Die Ehe erfordert also viel Aufmerksamkeit. Gleichzeitig befinden sich die meisten Menschen zwischen Anfang und Ende zwanzig gerade am Beginn ihrer beruflichen Karriere. Jeder weiß, wie wichtig die ersten Jahre im Beruf sind. Wer Erfolg haben und positiv auffallen will, muss sein gesamtes Potential ausschöpfen. Von nichts kommt nichts.

Also arbeitet man zu Hause an der Ehe, und im Beruf gibt man ebenfalls alles. Schon allein deshalb sind es Jahre, in denen wir kämpfen müssen und es uns nicht gemütlich machen können.

Dazu kommen noch die Kinder, diese kleinen, liebenswerten Bündel voller krimineller Energie. Und wie wir diese Kinder lieben! Mit voller Kraft widmen wir uns unserer Ehe, investieren in die Karriere und wollen außerdem noch vorbildliche Eltern sein – die Supermama und der Spitzenpapa. Wir wollen alles mitbekommen, die Welt unserer Kinder verstehen, immer für sie da sein. Und selbst wenn wir uns dafür förmlich umbringen müssten – es wird doch wohl einen Weg geben, das alles zu schaffen!

Während die vorbildlichen Eltern ihre Ehe ins Lot bringen und ihre Karriere vorantreiben, wollen sie außerdem in ihrer Beziehung zu Gott wachsen. Viele Menschen lernen Gott irgendwann am Anfang der mittleren Lebensjahre kennen. Sie sind überwältigt von Gottes Liebe und von dem, was Jesus für sie am Kreuz getan hat. Ihre geistliche Entwicklung hat begonnen. Aufgenommen in Gottes Familie wollen die »neuen Familienmitglieder« in geistlichen Dingen wachsen. Es reicht ihnen nicht, ein paar

Gebete nachzusprechen, sie wollen lernen, wie man richtig betet, und mehr über die biblischen Wahrheiten erfahren. Ab und zu im Gottesdienst aufzutauchen ist ihnen nicht genug, nein, ihr Christsein soll das ganze Leben bestimmen. Die neuen Christen möchten ihre geistlichen Gaben entdecken und sich in die Arbeit der Gemeinde einbringen. Ihr geistliches Leben wird immer mehr zum Mittelpunkt für alles andere. Geistlich legen wir Christen also auch einen Zahn zu.

So also sehen die mittleren Lebensjahre aus. Wir wollen, dass die Dinge funktionieren – in der Ehe, im Beruf, als Eltern, in der Familie und in unserem geistlichen Leben. Ganz zu schweigen von der Kraft und Zeit, die wir brauchen, einfach nur, um unsere Rechnungen zu bezahlen, den Rasen zu mähen, das Auto zu warten, Reparaturen im Haus zu erledigen und die Verwandten glücklich zu machen. Kein Wunder also, dass diese Jahre intensiv sind!

Manche mögen zu Recht fragen: »Wie kann man diese Jahre die besten Jahre des Lebens nennen? Sind die mittleren Jahre nicht einfach etwas, in das man hineinkatapultiert wird und das man irgendwie zu überleben versucht? Am Ende dieser Zeit denkt man dann: ›Puh, das hätten wir überstanden!‹ Kann man diese Jahre wirklich gut finden?«

Ich glaube: Diese Phase kann die beste des Lebens sein, wenn man sich entsprechend darauf einstellt. Ein Beispiel aus der Chemie zeigt, was ich meine: Ich kann mich noch gut an die Bunsenbrenner aus meiner Schulzeit erinnern, vor allem deshalb, weil wir viel Blödsinn mit ihnen angestellt haben. Die Decke unseres Chemieraumes sah immer sehr interessant aus, weil dort die Überreste irgendwelcher Explosionen klebten. Wir haben Chemikalien in einem Reagenzglas erhitzt und sie explodieren lassen. Aber genauso kann man auch dafür sorgen, dass die

Chemikalie, wenn man genau die richtige Hitze entstehen lässt, ihre Form verändert. Dann verändert die Hitze die Elemente im Reagenzglas. Der Inhalt des Glases verändert seine Zusammensetzung so, dass am Ende vielleicht etwas Besseres dabei herauskommt, etwas, das ohne Hitze nie hätte entstehen können. Es kann zum Beispiel ein Medikament entstehen, vielleicht etwas gegen Krebs oder Aids. Aber das kann nur geschehen, wenn sich die richtigen Elemente im Reagenzglas befinden und die Flamme des Bunsenbrenners nicht zu groß und nicht zu klein ist. Das heißt also, wenn es im Leben »heiß« wird, kann alles auseinander fliegen.

Es kann aber genauso gut bei diesem Prozess am Ende etwas wunderbar Neues herauskommen. Eins ist wichtig: Ich muss akzeptieren, dass die mittleren Jahre tatsächlich eine heiße Lebensphase sind, in der wir ständig unter Druck stehen. So sieht die Realität nun einmal aus. Immer, wenn Leute versuchen, mir etwas anderes weiszumachen, kann ich bloß lachen. Ich habe Bücher gelesen und Vorträge gehört, die auf folgenden Rat hinausliefen: »Versuch irgendwie, deinen Terminkalender zusammenzustreichen, damit es in deinem Leben nicht mehr ganz so heiß hergeht. Lass dein Leben einfach nicht hektisch werden!« Ich möchte dann immer entgegnen: »Du kannst mir ja mal erzählen, was ich streichen soll. Soll ich weniger Energie in meine Ehe investieren? Damit meine Ehe funktioniert, brauche ich jede Minute, die ich mit meiner Frau verbringe. Soll ich deiner Meinung nach weniger arbeiten? Wohl kaum! Wir leben in einer Wettbewerbsgesellschaft. Oder willst du mir sagen, ich soll weniger Zeit mit meinen Kindern verbringen? Gerade meinen Kindern werde ich sehr viel Aufmerksamkeit widmen! Soll ich mich geistlich ein bisschen zurücklehnen? Nicht, nachdem ich verstanden habe, was Jesus am Kreuz für mich getan hat. Ich will keine geistliche

Schlafmütze sein. Ich will wachsen. Ich will, dass Gott mein Leben erfüllt und gebraucht.«

Ich weiß ehrlich nicht, wie ich in meinem Leben einen Gang niedriger schalten soll, so wie es mir manche Leute vorschlagen.

Was sollen wir also tun?

Ich glaube, dass die Lebensqualität der mittleren Jahre davon abhängt, ob die Hitze und das Tempo dieser Zeit unser Leben explosionsartig auseinander reißen oder ob sie am Ende etwas Gutes hervorbringen, etwas, von dem wir für den Rest unseres Lebens profitieren werden. Ich bin davon überzeugt, dass es eine Art von Wachstum gibt, die nur in solchen intensiven und herausfordernden Lebensphasen geschehen kann. Es kommt darauf an, »was wir in das Reagenzglas unseres Lebens schütten«. Die Hitze werden wir nicht vermeiden können. Aber wir können darauf Einfluss nehmen, was sie mit uns macht.

Schauen wir uns doch die einzelnen Lebensbereiche genauer an: Da wäre als Erstes die Ehe. In den meisten Fällen ist die Zeit der Freundschaft und Verlobung bis zur Ehe von Verliebtheit und romantischen Gefühlen geprägt. Die Romantik ist möglicherweise am Tag der Hochzeit und den Flitterwochen auf dem Höhepunkt. Aber es ist nun einmal unausweichlich, dass man irgendwann wieder auf dem Boden der Tatsachen landet. Und wenn man dort ankommt, befindet man sich wahrscheinlich gerade in den mittleren Lebensjahren und setzt sich außerdem mit all den anderen Ansprüchen und Anforderungen dieser Phase auseinander. Das ist die Zeit, in der die Ehe wie im Reagenzglas über dem Bunsenbrenner hängt. Irgendwie stimmt es nicht mehr in der Beziehung, es gibt Missverständnisse und Streit. Und am Ende kocht alles hoch. Was machen wir dann? Lassen wir zu, dass unsere Ehen auseinander brechen, dass alles in die Luft geht? Laut Statistik machen das sehr viele Leute. Ihre Ehen explodieren oder implodieren – sie haben sich nichts mehr zu sagen. Das passiert innerhalb der ersten fünf bis sieben Jahre, also in den mittleren Jahren des Lebens. Es geht einfach zu heiß her. Und die Ansprüche an beide Partner sind hoch.

Wie wäre es aber, wenn wir diesem unausweichlichen Druck standhalten würden? Wenn wir, im Bild gesprochen, den Bunsenbrenner unter der Ehe stehen lassen und uns zum Beispiel sagen würden: »Wir lassen nicht zu, dass die gegenwärtige Hitze und der Druck, den wir erleben, unsere Ehe kaputtmachen. Wir versuchen in dieser Phase etwas für unser restliches Leben zu lernen.« Dann müssen wir uns mit Fragen beschäftigen, wie zum Beispiel: Stehen wir immer noch zu dem, was wir uns bei unserer Hochzeit vor Gott und den Menschen versprochen haben? Wonach suchen wir wirklich in unserer Ehe? Sind das realistische Vorstellungen und Wünsche? Was wären realistische Ziele, die wir in der Ehe verfolgen könnten? Wären wir bereit, unser Leben zu verändern, damit wir wieder Zeit für tiefere Gespräche, Konfliktlösungen, gemeinsame Freizeit und Romantik finden? Haben wir kreative Ideen für gemeinsame Abende oder auch ein Frühstück zu zweit? Können wir uns gemeinsam ein paar Stunden aus dem Staub machen, damit wir wieder atmen können und unsere Ehe auflebt? Sind wir bereit, den Preis zu zahlen, damit unsere Ehe überlebt?

Das sind gewaltige Fragen, die man sich nur stellt, wenn es schwierig wird. Ich erinnere mich an zwei verschiedene Gespräche, die sich in der letzten Zeit zufällig ergaben. Beide Male sprach ich mit Ehepaaren aus unserer Gemeinde, die sich gerade mitten in der heißen Phase des Lebens befinden. Das eine Paar hat Kinder und lebt ein auch sonst geschäftiges Leben. Meine Beobachtung ist, dass ihre Geschäftigkeit eher dafür sorgt, dass sie sich entfremden. Sie leben unter einem Dach, sie haben Kinder und engagieren sich in der Gemeinde. Und trotzdem glaube ich, dass, wenn ich nicht falsch liege, am Ende dieser Lebensphase kaum etwas von ihrer Beziehung übrig sein wird. Wenn sie so weitermachen wie bisher, dann treibt der Druck sie immer weiter auseinander und isoliert sie.

Dann gibt es ein anderes Ehepaar. Ihnen steht das Wasser ebenfalls bis zum Hals. Genau wie das erste Ehepaar haben sie Kinder, führen ein turbulentes Leben und arbeiten in der Gemeinde mit. Aber sie stellen sich unter dem gegenwärtigen Druck einige der wichtigsten Fragen: »Wie können wir einander wirklich lieben? Wie können wir uns näher kommen? Wir sehnen uns doch beide nach Nähe in unserer Ehe!« Dieses Ehepaar geht gemeinsam zu Christen in die Seelsorge. Außerdem teilen sie ihr Leben mit den Menschen in ihrem Hauskreis. Als wir uns unterhielten, sagten sie mir: »Es ist so unglaublich schwer!« Und dann ergänzte der Mann: »Aber es ist gut. Wir setzen uns mit wichtigen Fragen auseinander. Das ist nicht leicht. Aber wir haben langsam das Gefühl, dass es vorangeht. Wir finden Antworten und lernen neue Verhaltensmuster. Das wird sich später auszahlen.« Ich habe ihm geantwortet: »Ja, das stimmt. Das stimmt wirklich!«

Der Druck der mittleren Lebensjahre kann uns Gutes bringen: Die Lektionen, die wir jetzt lernen, die Fähigkeiten, die wir uns aneignen, die Weisheit, die wir erlangen, werden uns in unseren Ehen helfen, solange wir leben. Aber es ist auch die Zeit, die uns vor die Wahl stellt, ehrlich miteinander zu sein oder weiterzumachen wie bisher und die Konsequenzen zu tragen.

Dasselbe gilt für unseren Beruf. Auch hier fehlt es nicht an Stress. Die Firmen sparen immer mehr ein, oft haben sich die Anfahrtswege verlängert, die Arbeitstage ebenfalls, und die Anforderungen an alle Berufstätigen sind gewachsen. Die Zeiten haben sich geändert. Es ist heutzutage nicht ungewöhnlich, dass Menschen an ihrem Arbeitsplatz so viel Leistung bringen müssen, dass sie daran fast zerbrechen. Eine Frau, die als Führungskraft in einem Unternehmen arbeitet, erzählte mir, dass sie pro Tag zweihundert E-Mails beantworten muss. Sie arbeitet sieben Tage die Woche. Jetzt soll sie befördert werden. Aber eigentlich ist sie kurz vor dem Zusammenbruch. Der Stress, oder im Bild gesprochen, der Bunsenbrenner, der unter ihrem Arbeitsleben steht, bringt ihr Leben zum Überkochen. Wenn sie nicht irgendwann ausgebrannt aufgeben will, wird sie sich einige Fragen stellen müssen, zum Beispiel: »Warum arbeite ich so viel? Ist das notwendig? Geht es mir ums Geld? Was sind meine wirklichen Motive?«

Vor einigen Jahren bin ich als Pastor unserer Gemeinde selbst an solch einen Punkt gelangt. Ich kann mich noch gut daran erinnern. Ich war achtunddreißig. Eines Samstagmittags saß ich in meinem Büro und wurde mit meiner Sonntagspredigt einfach nicht fertig. Statt Ideen für die Predigt zu Papier zu bringen, zerknüllte ich ein Blatt nach dem anderen. Ich war total blockiert. In einigen Stunden heirateten außerdem noch liebe Freunde, und ich sollte die Hochzeitspredigt halten. An die Hochzeit hatte ich noch keinen einzigen Gedanken verschwendet! Ich hatte mich festgebissen und redete mir ein: »Ich muss erst die Predigt für Sonntag fertig schreiben. Ich mach mir doch jetzt keine Sorgen um die Hochzeit!« In Wirklichkeit war ich aber verzweifelt.

Die Uhr tickte weiter und der Zeitdruck wurde größer. Die Hitze, die ich förmlich unter meinem Schreibtisch spüren konnte, war an diesem Nachmittag so groß, dass mir etwas passierte, was bis dahin nie geschehen war: Ich brach an meinem Schreibtisch weinend zusammen. Dann tat ich erst mal, was ich schon früher trainiert hatte: Ich riss mich zusammen und sagte mir: »Lass dich nicht gehen! Für so was hast du keine Zeit! Deine Predigt ist stümperhaft, und außerdem hast du gleich eine Hochzeit zu halten! Raff dich wieder auf!« Aber ich wusste, dass etwas in diesem Moment in mir zerbrochen war. Etwas hatte sich verändert und ich musste diese Situation ernst nehmen. Irgendwie schaffte ich es gerade so eben, die darauf folgenden Wochen in der Gemeinde zu überleben. Dann fuhren wir in unseren Familienurlaub. Man sagte uns, dass der Ort, an den wir fahren wollten, einsam gelegen sei und wir keine Menschenseele dort antreffen würden. Aber unser Ferienziel war überschwemmt mit Menschen! Und ich war wieder beschäftigt. Ich musste sehr viele Gespräche mit anderen Leuten führen. Dabei war das das Letzte, was ich zu diesem Zeitpunkt gebrauchen konnte!

Meine Kinder erinnern sich gerne an diese Ferien. Ich hatte nämlich so wenig Kraft, mich um sie zu kümmern, dass ich ihnen einfach Geld schenkte: »Hier. Gebt ein bisschen Geld aus. Kauft euch was im Souvenirladen, irgendwas Süßes oder so! Was immer ihr wollt! Meinetwegen auch rohen Zucker.« In den folgenden Jahren fragten meine Kinder mich immer: »Hey, Papa, wann brichst du mal wieder zusammen? Dann können wir wieder in die Ferien fahren, und du schenkst uns ganz viel Geld!« Aber, ehrlich gesagt, möchte ich das nicht noch einmal erleben.

Nach diesen Ferien habe ich zusammen mit meiner Frau Lynne, mit einigen Ältesten der Gemeinde und mit Freunden mein Leben unter die Lupe genommen. Außerdem habe ich mir einen Seelsorger gesucht. Langer Rede kurzer Sinn: Die Hitze und der Druck in meinem Leben wurden so groß, dass es mich zerrissen hätte, wenn ich nicht angefangen hätte, mir einige Fragen zu stellen. Und hier ging es nicht um oberflächliche Dinge, es ging an die Substanz!

Ich hatte bis dahin gedacht, ich wäre Pastor geworden, weil ich zu hundert Prozent von der Liebe und Gnade und dem Erbarmen Gottes motiviert sei. Aber in Wirklichkeit hat kein Mensch ein einziges reines Motiv. Ich musste herausfinden, warum ich Überstunden in der Gemeinde machte, warum ich mir die Liebe und die Anerkennung von Menschen verdienen wollte und warum ich wollte, dass mein Bekanntheitsgrad steigt. Das waren ichbezogene Gründe, die dazu führten, dass ich zu mehr Arbeit ja sagte, als ich in Wirklichkeit schaffen konnte. Als mir die Motive für meine viele Arbeit bewusst wurden, konnte ich damit zu Gott gehen und ihm alles erzählen. Und dann habe ich daran gearbeitet, meine Verhaltensmuster zu verändern. Ich wollte wieder das tun, wozu Gott mich berufen hatte, und nicht noch tausend andere Dinge im Dienst der eigenen Sache.

Es lohnt sich, wenn wir Druck auf uns spüren und die Hitze des Alltags uns fast zum Explodieren bringt, Fragen wie diese auszuhalten: »Arbeite ich länger und mehr, als ich müsste? Es muss einen Grund geben, warum meine Beziehungen kaputtgehen, ich meine Kinder vernachlässige und mit Gott kaum mehr rede, um mehr und mehr Zeit in meine Arbeit zu investieren. Was will mir das sagen?« Wer diese Fragen der mittleren Lebensjahre klären kann und weiter an sich arbeitet, der wird neue Wege beschreiten, die ihm für den Rest des Lebens helfen werden.

Ich habe das langsam aber sicher herausbekommen. Es ist inzwischen sehr viel einfacher für mich, nein zu sagen. Ich merke viel schneller, welche Motivation mich zur Arbeit treibt, und kann mir sagen: »Nein, das wäre nicht gut. Das ist nicht das, was Gott von mir will. Ich würde es nur tun, um mein Ich aufzublasen.« Wenn man diese Fragen für sich klären kann, erreicht man sozusagen endlich einen Zustand geistiger Gesundheit und Zurechnungsfähigkeit. Der Druck des Berufsalltags kann uns auseinander reißen. Genauso kann er aber auch zu unserem Wachstum beitragen.

Dann sind da noch die Kinder, ein heikles Thema. Kinder sind der Stressfaktor Nummer eins in der heißen Phase des Lebens. Ich kann mich daran erinnern, wie ich manchmal nach zehn, zwölf Stunden Arbeit nach Hause kam und mich zwei völlig aufgedrehte Kinder empfingen, die mit mir spielen wollten. Die Liste der Verpflichtungen war endlos: mit den Kindern Basketball und Fußball spielen, sie zur Klavierstunde fahren, ihr tänzerisches Talent bewundern und dergleichen mehr. Ich habe in der Zeit Bücher gelesen, die darlegten, wie abwesende Väter die Seelen von Kindern für immer zerstören. Ich wollte auf keinen Fall, dass mir so etwas passierte! Also bin ich auf der anderen Seite vom Pferd gefallen: Frühstück mit den Kindern, Mittagessen mit den Kindern, Ausflüge mit den Kindern, Zelten mit den Kindern. Wir hatten Freunde von unseren Kindern über Nacht zu Besuch. Ich habe die Kinder zu Bett gebracht und habe mir Zeit genommen, mit ihnen über ihre Gefühle zu reden. Was auch immer Väter für ihre Kinder tun könnten, ich habe das alles durch. Und es tut mir im Nachhinein auch nicht Leid.

Aber irgendwann ist mir aufgegangen, wie schnell es passieren kann, dass wir uns dafür verantwortlich fühlen, jedes einzelne Bedürfnis unserer Kinder zu stillen. Dabei vergessen wir, dass es Grenzen gibt. Unsere übertriebenen Bemühungen, gute Väter und Mütter zu sein, tun den Kindern möglicherweise gar nicht gut. Wenn man unterschwellig seinen Kindern beibringt, dass das gesamte

Universum sich nur um sie dreht, wenn sie den Eindruck gewinnen, dass ihre Bedürfnisse zu jeder Zeit erfüllt werden müssen, dass sie alles bekommen können, was sie wollen, dann tut man seinen Kindern keinen Gefallen. Und man selbst spürt, dass man neuen Druck erzeugt hat, der auf einem lastet, denn schließlich muss man diesen Ansprüchen gerecht werden.

Als meine Kinder noch klein waren, habe ich das einmal sehr deutlich zu spüren bekommen. Ich habe damals einen großen Ausflug mit ihnen gemacht. Disney World war unser Ziel! Eigentlich hatten wir kein Geld für so etwas. Unsere Gemeinde konnte sich zu jener Zeit nur eine halbe Pastorenstelle leisten. Aber ich dachte, man würde mich als amerikanischen Vater einsperren, wenn ich nicht wenigstens einmal mit meinen Kindern in Disney World gewesen wäre. Also habe ich mir das Auto eines Freundes ausgeliehen – unseres hätte es nicht bis Florida geschafft. Im Tank des Autos war gerade genug Benzin, um es bis zum »Magischen Königreich« zu schaffen. Außerdem hatten wir das Glück, dass wir in der Wohnung eines anderen Freundes, die nur zwei Stunden von Disney World entfernt lag, unterkommen konnten. Gleich zu Anfang sagte ich meinen Kindern: »Passt auf, wir sind wie durch ein Wunder hier. Aber wir sind hier! Wir werden ein bisschen mehr sparen müssen als andere Familien. Also keine Souvenirs. Mama hat uns ein paar Brote geschmiert. Wir können nicht groß essen gehen, weil wir sonst kein Geld für das Benzin zurück nach Chicago haben. Aber wir werden Disney World eben so erleben, wie wir es uns leisten können. Wir werden schon unseren Spaß haben!« Meine Kinder fanden das soweit in Ordnung.

Bis zum zweiten Tag ging alles gut. Wir mussten in einer Schlange warten, in der einige andere Kinder quengelten: Sie wollten noch eine dritte Mickymaus-Puppe, ein drittes Hot Dog und noch ein Eis! Mir blieb der Mund offen stehen, denn die Eltern dieser Quälgeister sagten einfach: »Okay, Johnny! Hier hast du noch ein Eis! Und eine Mickymaus-Puppe! Und hier, nimm doch auch dies und das und jenes!« Je lauter die Quengelei wurde, desto mehr verwöhnten die Eltern ihre Sprösslinge. Ich erinnere mich daran, dass ich dachte: »Die kriegen noch Ärger mit ihren Kids!«

Auch meine Kinder machten sich wohl ihre Gedanken und fingen ebenfalls zu quengeln und betteln an. Das dauerte genau eine Nanosekunde, denn dann sagte ich: »Das war's!«, nahm meine Kinder zur Seite, hockte mich vor sie, sah ihnen in die Augen und sagte (wahrscheinlich lauter, als es unbedingt notwendig gewesen wäre): »Ich will euch mal an die Realität erinnern, Kinder. Die Realität ist, dass wir nicht viel Geld haben. Vielleicht ist das eines Tages anders. Aber jetzt sind wir nicht reich. Wir haben einen lieben Freund, der uns sein Auto geliehen hat, und einen anderen guten Freund, bei dem wir wohnen dürfen. Aber wir sind trotzdem hier wie durch ein Wunder – wir haben das große Glück, dass wir uns diesen Ausflug gerade so eben leisten können. Ich habe euch gesagt, dass unsere Realität anders ist als die von reichen Familien. Diese Eltern haben Geld. Das ist ihr Leben. Unser Leben sieht anders aus, und danach müssen wir uns richten. Wir können Gott Danke sagen, dass wir überhaupt hier in Disney World sind. Machen wir das Beste daraus. Es ist, wie es ist.«

Meine Kinder haben es ganz gut verkraftet. Und – das muss ich ihnen zugute halten – wir hatten noch eine lustige Zeit zusammen. Jetzt, wo sie älter sind, ärgern sie mich manchmal und sagen: »Papa, warum hältst du uns nicht mal wieder eine Predigt über die Realität?!« Sie wollen sich über mich lustig machen, aber ich bereue nicht, was wir damals erlebt haben.

In den Sprüchen steht, dass eine der wichtigsten Aufgaben der Eltern darin besteht, die Kinder auf das Leben vorzubereiten. Teil der Erziehung ist es, den Kindern beizubringen, dass sie nicht der Mittelpunkt des Universums sind. Das Leben hat Grenzen. Kinder sollten nicht immer alles bekommen, was sie wollen. Man muss ihnen nicht alles kaufen. Sie müssen nicht immer bei allem mitmachen und überall hingehen können.

Der Druck, der sowieso schon in den mittleren Jahren auf den Eltern lastet, bringt sie aber manchmal dazu, um des lieben Friedens willen nachzugeben. Das Resultat sind narzisstische, selbstbezogene kleine Monster.

So muss es aber nicht ausgehen. Manche Eltern bringt die heiße Phase der Kindererziehung dazu, sich selbst zu hinterfragen: »Wollen wir unsere Kinder nicht so erziehen, dass sie verstehen, dass Gott der Mittelpunkt des Universums ist und nicht sie? Wir wollen doch, dass sie lernen, dass wir Menschen Grenzen haben. Dann müssen wir ihnen beibringen, wie wir mit solchen Grenzen und Einschränkungen, zum Beispiel in Bezug auf Geld, umgehen.«

Eine der wunderbarsten Erfahrungen der letzten Zeit war für mich, junge Menschen unserer Gemeinde zu erleben, die bei einem Studententreffen mitwirkten: Einige von ihnen spielten in der Band, die bei diesem Treffen auftrat. Ich kann mich noch gut daran erinnern, wie wir diese jungen Leute, als sie noch kleine Babys waren, bei uns in der Gemeinde gesegnet haben. Damals hielt ich sie im Arm. Und jetzt sind sie 18, 19, 20 Jahre alt – und man erkennt, dass sie von ihren Eltern gelernt haben, sich von Gott, dem Mittelpunkt des Universums, mit Liebe beschenken zu lassen und diese Liebe weiterzugeben. Diese jungen Menschen haben den Sinn ihres Lebens gefunden. Sie sind nicht einfach nur selbstbezogen und egoistisch.

Ihre Eltern haben offensichtlich die heiße Phase der Kindererziehung ausgehalten und sich wichtigen Fragen des Lebens gestellt.

Bleibt der letzte große Lebensbereich: das geistliche Leben in den mittleren Jahren. Oft werden Menschen auf dem Höhepunkt ihres Lebens Christen. Sie haben ungefähr ein Drittel ihres Lebens hinter sich und fragen sich plötzlich: »Sollte das alles sein?«

Ein Mann, der sich genau diese Frage stellte, schrieb mir in einem Brief: »Es kommt der Moment, wo ich trotz aller intellektueller Einwände und trotz all meines gesammelten Wissens in mich hineinhorche und zugeben muss: Ich bin ohne einen Gott einsam. Mein Leben ist ohne Gott leer. Wer aber ist Gott? Warum glauben viele Menschen nicht an ihn? Warum gibt es so viel Gewalt und Korruption in dieser Welt? Ich muss zugeben, dass ich auf diese Fragen keine Antwort habe. Brauche ich den Glauben? Glaube ich nur, damit ich mich besser fühle? Damit ich mich geborgen fühle? Diese Schlussfolgerung müsste ich ziehen, wenn ich meiner Bildung und meinem Intellekt folgen würde. Aber am Anfang meines Lebens, bevor ich überhaupt abstrakt denken konnte, wurde ich von meiner Mutter geboren, und schon da hat Gott mich gehalten. Schon als ich klein war, wusste ich, dass Gott gut und dass er groß ist. Und ich war froh zu wissen, dass er auf meiner Seite stand. Als ich mich von ihm abwandte, fing meine Einsamkeit an. Ich möchte ihn gerne zurück in meinem Leben haben. Aber ich weiß nicht, wie ich das anfangen soll.«

Und dann endete der Brief mit: »Vielleicht sollte ich ihn bitten, mich wieder aufzunehmen.« Was für ein Satz: »Vielleicht sollte ich ihn bitten, mich wieder aufzunehmen«!

Viele von uns wissen: Wenn wir uns irgendwann im Laufe unseres Lebens von Gott entfernt haben, wenn wir unsere eigenen Wege gegangen sind und wir zurück zu ihm gehen und ihn fragen: »Gott, könntest du dir vorstellen, mich wieder aufzunehmen?«, dann steht die Tür zu Gottes Familie weit offen. Das ist die Gute Nachricht von Gottes Vergebung. Ganz egal, wie wir zu ihm kommen, er nimmt uns wieder auf.

Der Druck der mittleren Lebensjahre bewirkt, dass viele Menschen in dieser Zeit nach Gott suchen. Und Gott öffnet die Tür. Die Menschen finden zu ihm und beginnen, geistlich zu wachsen. Ihre Motivation ist so klar und ihr Leben von Staunen über Gottes Güte und sein Wesen erfüllt – das ist eine sehr aufregende Zeit.

Aber dann, zusammen mit der Herausforderung in der Ehe, dem Stress bei der Arbeit und der Kindererziehung, fühlt sich Gott irgendwann wie eine Last an. Es wird anstrengend, die Bibel zu lesen. Gebete werden zur Pflichterfüllung. In der Gemeinde etwas zu tun, ist auch eher lästig, und in den Gottesdienst geht man nur noch, weil es halt von einem Christen erwartet wird.

Was ist da los? Ich vermute, jene geistliche Müdigkeit liegt an den sich überstürzenden Ereignissen und der Intensität dieser Lebensphase. Im Bild gesprochen erreichen wir durch die Hitze des Bunsenbrenners den Siedepunkt. Alles ist so unglaublich anstrengend!

Manche Menschen möchten dann am liebsten aufschreien: »Gott, du passt einfach nicht mehr in mein Leben! Ich habe Stress in meiner Ehe, ich arbeite bis zum Umfallen und dann sind da noch die Kinder! Es sieht so aus, als ob du der Einzige in meinem Leben bist, auf den ich verzichten könnte. Gott, du machst kein großes Aufhebens darum, wenn ich dich vernachlässige. Bei allen anderen geht sofort die Welt unter. So viele Stimmen in meinem Leben schreien nach meiner Aufmerksamkeit, und du alleine bittest mich mit liebender, flüsternder Stimme. Also, es tut mir Leid, aber ich fürchte, du wirst auf mich verzichten müssen. Wenn die Arbeit nicht mehr so stressig ist, wenn meine Kinder aus dem Haus sind und das Leben sich beruhigt, dann komme ich vielleicht wieder auf dich zurück.«

Viele von uns haben schon so gedacht. Wir haben vielleicht nicht hundertprozentig gemeint, was wir da sagten, aber der Gedanke war da. Dabei schlagen wir den Weg der Selbstzerstörung ein, wenn wir uns in den mittleren Lebensjahren von Gott wegbewegen.

Bei all der Komplexität dieser Lebensphase, bei allen Verwirrungen und dem Druck, der auf uns liegt, wäre es fatal, Gott aus unserem Leben zu streichen. Das wäre geradezu so, als ob man den Kompass und die Seekarten mitten im heftigsten Sturm über Bord wirft, um ein bisschen Gewicht loszuwerden. Es sind die Dinge, die man im Sturm am nötigsten hat – sie wegzuwerfen hätte fürchterliche Folgen!

Diese Phase des Lebens – wenn die Ehe schwierig wird, wenn berufliche Entscheidungen anstehen und die Kinder eine tägliche Herausforderung sind – ist nicht der richtige Zeitpunkt, um das, was uns die jetzt so dringend nötige Liebe, Weisheit und Kraft schenkt, über Bord zu werfen. Im Gegenteil: Dies ist genau der richtige Zeitpunkt, um sich ganz an Gott anzulehnen. So sehr, dass unsere Knöchel vom Festhalten der Hand Gottes schon ganz weiß werden, weil wir verstanden haben, dass nur er uns durch diese chaotische und intensive Zeit sicher hindurchleiten kann.

Aber wie können wir uns selbst immer wieder daran erinnern? Mir hilft das Leben von Micha, einem Propheten, dessen Geschichte wir im Alten Testament finden. Was wir von Micha in der Bibel nachlesen können, muss zur Zeit seiner mittleren Jahre passiert sein, denn er wird streckenweise ziemlich hitzig und sarkastisch. Für ihn ist Gott zu einer Last geworden. An einem Punkt seines Lebens schreit Micha zu Gott: »Was willst du, Gott? Meine Frau stellt Forderungen, mein Chef setzt mich unter Druck, meine Kinder ... Was willst du?« Und dann stellt er einige rhetorische Fragen: »Willst du mehr Brandopfer? Ich opfere dir mehr Brandopfer, wenn es das ist, was du willst. Willst du mehr Öl auf dem Altar? Ich werde Fässer von Öl über den Altar gießen, wenn dir das gefällt.« Dann, völlig verzweifelt, sagt Micha sogar: »Willst du etwa, dass ich dir meinen ältesten Sohn opfere? Wird dich das endlich glücklich machen?«

Micha, der Prophet, ist zu dem Zeitpunkt ein total ausgebrannter, verwirrter und verzweifelter Mann. Und Gott antwortet ihm: »Micha, komm zur Ruhe. Ich bin keine weitere Belastung für dein Leben.« In Kapitel 6, Vers 8 sagt Gott zu Micha: »Was ich wirklich von dir will, ist, dass du demütig meine liebende, leitende und stärkende Hand ergreifst und mir vertraust. Ich werde dir durch diese herausfordernden Jahre hindurchhelfen. Ich werde für dich da sein, dir zuhören, dich beraten, an dich glauben, dich stärken und dir vergeben, wenn du Fehler machst. Aber dies ist nicht die Zeit, Micha, um meine Hand auszuschlagen und es auf eigene Faust zu versuchen. Was auch immer geschieht, halte mich nicht für eine zusätzliche Belastung deines Lebens. Denn das bin ich nicht. Ich gebe und erhalte dir dein Leben. Ich bin ein liebender, stärkender Gott, der dir Weisheit schenken und deine Lasten tragen will. Du brauchst mich zu keiner anderen Zeit deines Lebens mehr als jetzt, in den mittleren Jahren deines Lebens. Hier ist meine Hand. Nimmst du sie?«

Unser Ehepaar, das sich anfangs im Restaurant gegenübersaß, schüttelt inzwischen wahrscheinlich ungläubig den Kopf über das, was diese Lebensphase von ihnen fordert. Die beiden haben sich vorgenommen, trotz ihrer Probleme die mittleren Lebensjahre gemeinsam zu erleben. Und es ist Gottes Traum für ihre Ehe, dass sie sich am Ende dieser intensiven und stressigen Phase mehr und tiefer lieben, als sie es Anfang zwanzig bei ihrer Hochzeit konnten. Gottes Wunsch ist es, dass der Druck uns dazu bringt, die richtigen Fragen zu stellen und Antworten zu finden, so dass unsere Beziehungen bis ins hohe Alter tragfähig und liebevoll bleiben.

Darüber hinaus kommen vielleicht einige schwierige Fragen, die unsere Einstellung zur Arbeit betreffen, auf uns zu. Doch wenn wir dann hilfreiche Antworten finden, werden sie uns unser Leben lang begleiten und uns im Arbeitsleben helfen. Vielleicht hat Gott uns dabei geholfen, Kinder großzuziehen. Sie sind möglicherweise schon aus dem Haus, sie lieben Gott und befinden sich auf einem guten Weg. Vielleicht sitzen auch wir eines Tages unserem Partner im Restaurant gegenüber und stellen fest: »Unsere Herzen sind vor allem erfüllt von Gottes Liebe. Wir spüren seine Nähe, beten ihn an und dienen ihm. Wir leben mit einer Hoffnung – nicht nur für den Rest unseres Lebens, sondern darüber hinaus. Wir freuen uns auf den Himmel, denn Gott ist der Mittelpunkt unseres Lebens.«

Gott wünscht sich, dass wir in den mittleren Jahren Wachstum erleben und Erfüllung finden. Aber wir müssen seine Hand festhalten und die Veränderung annehmen. Dann können die Jahre, die uns sonst vielleicht zermalmen würden, zu den fruchtbarsten und besten unseres Lebens werden.

Jedes Kind ist einzigartig

Es ist und bleibt ein Rätsel, wie Kinder zu dem werden, was sie später als Erwachsene sind. Da gibt es zum Beispiel »Familie Sonnenschein«. Sie hat drei Kinder, alle im Abstand von zwei Jahren. Alle drei sind im selben Haus von denselben Eltern großgezogen worden. Sie sind alle in dieselbe Kirche gegangen und haben mit denselben Nachbarskindern gespielt. Die Eltern Sonnenschein haben jedem Kind die gleiche Aufmerksamkeit geschenkt, damit sich niemand benachteiligt fühlt. Und dann passiert Folgendes: Zwei der drei Kinder haben keine Probleme in der Schule, verstehen sich mit den Nachbarskindern gut und sind dem Leben gegenüber positiv eingestellt. Zwei der drei Kinder haben gute Beziehungen zu ihren Eltern und Freunden. Sie heiraten und bekommen Kinder. Zweien der drei Kinder geht es ausgesprochen gut. Und was ist mit dem dritten?

Das dritte Kind bereitet Sonnenscheins Kopfzerbrechen. Es bringt den Familienalltag regelmäßig durcheinander. Spannungen sind vorprogrammiert. Dieses Kind bringt seine Eltern an ihre äußersten Grenzen. Es fällt ihm schwer, Freunde zu finden, und in der Schule läuft es auch nicht so gut. Das dritte Kind scheint irgendwie nicht auf der Sonnenseite des Lebens zu stehen. Die Eltern Sonnenschein verstehen die Welt nicht mehr und wundern sich: »Wie kann das sein? Wir haben uns doch solche Mühe gegeben, alles richtig zu machen. Wir haben alle Kinder gleich beachtet und geliebt. Und nur zweien von ihnen geht es richtig gut. Wie kommt das?«

Dann gibt es da noch »Familie Leidvoll«. Ihre drei Kinder wachsen in kaputten Verhältnissen auf. Vater Leidvoll trinkt viel zu viel. Außerdem kommt er spät oder gar nicht von der Arbeit nach Hause. Seine Frau ist die meiste Zeit nicht ansprechbar und depressiv. Bei den Leidvolls unterhält man sich nicht gerne. Vor allem sagen sie sich einander nie, dass sie sich lieben. Ein Fachmann würde diese Familie als »nicht mehr intakt« bezeichnen. Alle drei Leidvoll-Kinder haben keine guten Startvoraussetzungen. Und mit großer Wahrscheinlichkeit zeigen sich bei mindestens zweien von ihnen all die negativen Auswirkungen, die man bei so einer Kindheit erwarten würde.

Solche oder ähnliche Familien wie die Sonnenscheins und die Leidvolls kennt fast jeder, sei es aus der Nachbarschaft, der Schule oder dem Freundeskreis. Und jeder ist zu Recht davon überzeugt, dass es den Sonnenschein-Kindern wesentlich besser als denen der Leidvolls geht. Und doch kann man beobachten, dass manches Kind aus einer »Leidvoll-Familie« die schwierigen Lebensumstände gut übersteht und sogar lernt, Stärke, Mitgefühl und andere Charaktereigenschaften zu entwickeln, die ihm helfen, im Leben zurechtzukommen. Dem Jungen oder dem Mädchen geht es trotz einer katastrophalen Kindheit einfach gut. Und wir staunen darüber und fragen uns: »Wie kann das sein? Wo ist des Rätsels Lösung? Hat dieses Kind einen Joker gezogen, von dem wir nichts wissen?«

Eine wichtige Antwort auf diese Fragen liegt in der Erkenntnis, dass jedes Kind völlig einzigartig ist. Diese Einzigartigkeit hilft dem einen Kind, in einer nicht intakten Familie zu überleben, während ein anderes Kind daran zerbricht. Dass ihre Kinder einzigartig sind, fällt jeder Mutter und jedem Vater auf. Eltern können die Unterschiedlichkeit ihrer Kinder über die Jahre hinweg beobachten.

Ich kann mich noch gut an ein Erlebnis vor einigen Jahren erinnern, das mir eindrücklich klar machte, wie wichtig diese Erkenntnis ist. Shauna, Todd und ich fuhren vom Gottesdienst nach Hause. Meine Kinder unterhielten sich auf der Fahrt über irgendein Thema. Ihre Ansichten und die Art, wie sie miteinander umgingen, brachten mich völlig aus der Fassung. Je länger ich ihnen zuhörte, desto ärgerlicher wurde ich. Schließlich war ich so weit, dass ich ihnen heftig die Meinung sagte. Shauna saß auf dem Beifahrersitz, und ich konnte sehen, dass mein Wutausbruch sie nicht sonderlich berührte. Also wurde ich noch heftiger: »Ich habe jetzt endgültig die Nase voll! Falls ich jemals, jeeeeeemaaaals wieder ...!«

Als ich unser Auto parkte, war Shauna leise geworden. Sie zeigte zwar keine große Reue und versprach auch nicht, sich zu bessern. Aber sie war immerhin nachdenklich geworden. Sie ging ins Haus, und ich dachte: »Mensch, das war nicht einfach. Aber sie hat es kapiert. Gut gemacht! Viele Väter hätten gar nicht den Mut, so deutlich mit ihrer dickköpfigen Tochter zu sprechen. Aber ich hab nicht aufgegeben. Shauna kann froh sein, dass sie mich als Vater hat. Sie braucht einen starken Vater!«

Und dann sah ich Todd auf mich zustolpern. Er war leise aus dem Wagen gestiegen. Er wirkte völlig niedergeschmettert. Sein Blick war so traurig und beschämt, dass es mich bis ins Herz traf. Tränen liefen über seine Wangen, und er sagte immer und immer wieder: »Es tut mir so Leid, Papa. Es tut mir so Leid! So Leid.« Dann rannte er zu mir, warf sich in meine Arme und schluchzte laut. Und immer wieder sagte er: »Es tut mir so Leid! Es tut mir so Leid!« Es war schrecklich für mich, Todd so am Boden zerstört zu sehen. Natürlich nahm ich ihn fest in die Arme und sagte: »Ist schon gut. Ist schon gut.« Ich fühlte mich für den Rest des Tages furchtbar mies, weil ich die Gefühle meines Sohnes so schwer verletzt hatte. Immer wieder verfolgte mich die Erinnerung an Todds tränenüberströmtes Gesicht. Ich kann es bis heute nicht vergessen.

Für mich war dieses erschreckende Erlebnis eine Lehre. Man kann Kinder, die ganz unterschiedliche Charaktere haben, nicht absolut gleich behandeln wollen. Aber ich hatte als Vater immer nur den Rat gehört: »Belohne, bestrafe, erziehe und liebe deine Kinder in der gleichen Art und Weise! Behandle deine Kinder alle gleich!«

Ich erinnere mich daran, wie ich Lynne später am Nachmittag von diesem schrecklichen Erlebnis erzählte und zu ihr sagte: »Weißt du, mir ist heute aufgegangen, dass keinem damit geholfen ist, wenn ich unsere Kinder genau gleich bestrafe. Bei Shauna dürfen wir nicht weich werden, wenn wir ihr vorhalten, was sie falsch gemacht hat. Sie ist ein eigenwilliger Dickkopf. Bis sie etwas umhaut, das kann dauern! Aber bei Todd reicht es, wenn man ihn sanft ermahnt. Und wenn wir ihn ausschimpfen, müssen wir ihn hinterher in den Arm nehmen und ihm zeigen, dass wir ihn trotzdem lieb haben. Sonst ist er am Boden zerstört.« Von diesem Tag an haben Lynne und ich immer versucht, unsere Kinder individuell und ihrem Charakter entsprechend zu behandeln.

Wenn wir Kinder erziehen, müssen wir uns dessen bewusst sein, dass sie einzigartig sind. Sie haben unterschiedliche Temperamente und werden durch unterschiedliche Dinge motiviert. Außerdem drücken sie ihre Liebe ganz verschieden aus. Früher hielt man Kinder für so etwas wie »Lehmklumpen«, die man nur formen musste. Man dachte, Kinder hätten keine angeborenen Charakterzüge und würden erst durch ihre Eltern zu dem gemacht, was sie später sein würden.

Heutzutage geben Wissenschaftler, die sich mit der kindlichen Entwicklung beschäftigen, zu, dass diese »Lehmklumpen« doch einen eigenen Willen besitzen. Das kann man schon im Kreißsaal beobachten: Manche dieser unschuldigen Babys kommen mit einem Lächeln und einem friedlichen Gesichtsausdruck auf die Welt. Andere Babys zeigen ein Grinsen und haben sozusagen schon die Zigarette im Mundwinkel hängen. Ihr Blick scheint zu sagen: »Ich werde meine Grenzen bis zum Äußersten austesten! Und das jeden Tag. Es wird anstrengend für euch werden, das verspreche ich euch!« Andere Kinder sind von Anfang an entgegenkommend und friedliebend: »Ich tue alles, was du willst, Mama. Was kann ich für dich tun, Papa?« Wieder andere Kinder haben die Unabhängigkeit im Blut: »Versuch gar nicht erst, mich in ein Schema zu pressen! Ich mache nur, was mir gefällt!«

Das sind nur ein paar Beispiele für die unterschiedlichen Temperamente, die unsere Kinder von Anfang an mitbringen. Vom ersten Tag an sind Babys unterschiedlich! Das eine Kind ist wie ein Schmetterling, der von Blüte zu Blüte fliegt und nur glücklich ist, wenn möglichst viele Menschen um ihn herum sind. Und ein anderes Kind kann sich stundenlang alleine beschäftigen. Das eine Kind räumt seine Spielsachen immer von alleine ordentlich weg. Und das andere Kind, das möglicherweise aus derselben Familie stammt, fühlt sich nur im Chaos wohl.

Ich erinnere mich an einen Restaurantbesuch mit unserer Familie. Wir vier Hybels waren gerade im Restaurant angekommen. Ich setzte mich an den Tisch, verhielt mich ganz still und beobachtete einfach nur unsere Kinder. Unser Sohn Todd tat das, was er fast immer tut, wenn er in ein Restaurant kommt, wo ein Ständer mit Bierdeckeln auf dem Tisch steht: Er nahm alle Bierdeckel aus ihrer Halterung und sortierte sie nach den verschiedenen Aufdrucken, die es gab. Dann stellte er sie wieder zurück. Es macht ihm wirklich Kopfzerbrechen, wie der Geschäftsführer des Restaurants es zulassen kann, dass die Bierdeckel nicht sortiert sind! Das darf einfach nicht sein! Während Todd also mit den Bierdeckeln beschäftigt war, erfand Shauna eine neue Teesorte. Sie tat Kaffeesahne, Zucker und ein wenig Salz in ihren Tee und rührte ihn gut um. Hätten wir sie gelassen, sie wäre sicher von Tisch zu Tisch gelaufen, um ihre neue Kreation anzupreisen!

Es kann faszinierend sein zu beobachten, wie unterschiedlich unsere Kinder vom ersten Tag an sind. Das eine Kind der Familie besitzt zum Beispiel eine große Seelenruhe und ist durch nichts aus der Fassung zu bringen. »Na und?«, ist seine typische Äußerung. Das andere Kind ist nervös, macht sich ständig Sorgen und muss immer genau Bescheid wissen, was als Nächstes passiert. »Wann fahren wir? Wann kommen wir an? Was machen wir dann? Nun sag schon, bitte!«

Das eine Kind liebt das Risiko. Jeder neuen Herausforderung begegnet es mit großem Eifer: »Bitte, darf ich Erster sein? Bitte, lasst es mich als Erste ausprobieren!« Das andere ist schnell verängstigt: »Ich mach das nicht, Papa! Niemals! Da kriegen mich keine zehn Pferde drauf!« Bei dem einen Kind weiß man immer, was es gerade fühlt, weil es bis ins Kleinste erzählt, was alles im Lauf des Tages passiert ist. Bei dem anderen Kind müssen die Eltern bitten und betteln, damit es aus seinem Schneckenhaus herauskommt und Informationen und Gefühle preisgibt. Und das sind nur wenige Beispiele für die große Fülle unterschiedlicher Temperamente, die Gott schenkt!

Es hat Gott gefallen, uns als so verschiedenartige Wesen zu erschaffen. In Psalm 139 steht: »Wir sind alle wundervoll gemacht.« Ich möchte ergänzen: »Und wir sind alle wundervoll unterschiedlich gemacht.« Wenn wir unseren Kindern gute Eltern sein wollen, dann müssen wir nicht nur diese Unterschiedlichkeit erkennen, sondern auch begrüßen und bestätigen. Für unsere Kinder ist es wichtig, dass wir ihre Eigenarten lieben, ja, dass wir uns daran freuen! Nur so werden sie lernen, dass Gott sie so, wie sie sind, wunderbar gemacht hat. Gott wollte, dass sich in ihrem Temperament ein kleiner Teil seiner selbst widerspiegelt. Darum ist es so wichtig, dass wir unsern Kindern sagen: »Gott liebt dich! So, wie er dich gemacht hat, wollte er dich gerne haben. Er mag die Art und Weise, wie du an das Leben herangehst. Er mag, wie du spielst, wie du lernst und wie du mit andern umgehst!«

Wenn wir die Einzigartigkeit unserer Kinder hervorheben, zeigen wir ihnen, dass wir ihre Unterschiedlichkeit schätzen, ja, dass wir es sogar gut finden, dass sie anders als wir selbst sind. Dadurch gewinnen unsere Kinder an Sicherheit, wenn es um ihre eigene Persönlichkeit geht. Sie lernen, dass es in Ordnung ist, wenn sie sich von anderen Kindern unterscheiden. Ihr Selbstwertgefühl wächst, weil sie sich von Gott und ihren Eltern geliebt und gewollt wissen.

Aber das ist natürlich leichter gesagt als getan. Es fällt einer extrovertierten, dynamischen, energischen Mutter nicht unbedingt leicht, die schüchterne, introvertierte und reservierte Tochter in ihrer Art zu bestätigen. Wie geht es einem risikofreudigen und ehrgeizigen Vater, der einen eher phlegmatischen Sohn hat? Es ist für Eltern nicht einfach, ein Kind zu verstehen und zu lieben, das total anders »gestrickt« ist als sie selbst. Unser eigenes Temperament kommt uns dabei oft in die Quere.

Aber wenn wir die Dinge im richtigen Licht betrachten, wenn wir verstehen, dass das Temperament unserer Kinder von Gott geschaffen ist, dann können wir lernen, die Einzigartigkeit unserer Kinder zu lieben und zu bestätigen. Wir können es wirklich lernen! Unsere Kinder werden es uns ein Leben lang danken. Es ist höchste Zeit, den Wunsch über Bord zu werfen, dass unsere Kinder »normal« und wie wir sein sollten! Ich bin nicht »normal«, meine Frau ist nicht »normal«, niemand auf der Welt entspricht der »Norm«, weil es für unsere unterschiedlichen Temperamente keine Norm gibt! Das eigentliche Ziel, das wir verfolgen sollten, ist herauszufinden, welche Charaktereigenschaften Gott in unsere Kinder hineingelegt hat, um uns mit ihnen über ihre Einzigartigkeit zu freuen. Statt unsere Kinder einer Norm anpassen zu wollen, sollten wir sie so erziehen, dass Gottes Liebe und Kraft und Einzigartigkeit in ihnen auf wunderbare und kreative Weise sichtbar wird. Sie sollen individuelle Charaktere werden, die von Gottes Gnade und seiner Maßarbeit erzählen. Das ist das Ziel.

Wenn Eltern ihren Kindern zeigen, dass sie sich darüber freuen, wie Gott jeden Einzelnen ganz speziell und anders geschaffen hat, setzt dies unglaublich positive Kräfte in den Kindern frei. Sie erhalten eine innere Stärke, die ihnen für ihr ganzes restliches Leben helfen wird. Wie wundervoll ist es, wenn Eltern sich Zeit nehmen, über die Charaktereigenschaften ihrer Kinder nachzudenken, vielleicht sogar Persönlichkeitsprofile mit ihnen erstellen und vor allem entdecken und beobachten, wie einzigartig ihre Kinder sind! Wie schön ist es, wenn Eltern sich bewusst dagegen entscheiden, ihre Kinder in Schablonen zu pressen und sie stattdessen dankbar annehmen, wie sie wirklich sind! Wer wünschte sich nicht manchmal, dass unsere Eltern besser erkannt hätten und wirklich darauf eingegangen wären, wie wir von unseren Anlagen her »gestrickt« sind?

Unsere Kinder unterscheiden sich nicht nur grundsätzlich im Charakter, sondern auch in dem, was sie motiviert. Vor einiger Zeit hielt ich Vorlesungen an einer Hochschule. Ich sprach unter anderem mit den Studenten darüber, wie wichtig es ist, herauszufinden, was sie gerne tun, wo ihre Interessen liegen. »Was tut ihr für euer Leben gerne? Worum kümmert ihr euch von ganz alleine, weil es euch am Herzen liegt?« Und ich erzählte ihnen, dass die Bibel genügend Hinweise dafür liefert, dass es für jeden Menschen ein spezielles Herzensanliegen gibt. »Jeder von uns«, so sagte ich, »hat ganz eigene Motivationen, bestimmte Fähigkeiten auszubauen und Interessengebiete zu verfolgen. Ich denke, Gott hatte einen Grund dafür, uns so zu schaffen. Er freut sich, wenn Menschen genau dem nachgehen, was sie interessiert, und wenn sie dabei verstehen, dass Gott es war, der diese Gaben in sie hineingelegt hat.«

Nach der Vorlesung wollten mich sehr viele Studenten sprechen. Ich ahnte, was auf mich zukam. Jedes Mal, wenn ich über dieses Thema spreche, erlebe ich das Gleiche. Ich wusste schon, welche Geschichten ich zu hören bekommen würde. Und so war es auch. Ich beobachtete aus den Augenwinkeln einen Studenten, der in der Schlange darauf wartete, mich zu sprechen. Er sah aus wie einer, der gerade von einer Safari kommt. Ich konnte mir bildhaft vorstellen, wie er zur Hochschule gefahren kam: in einem Geländewagen, mit einem Gewehr auf dem Rücksitz, immer einen Jagdhund dabei und diverse kämpferische Aufkleber auf der Heckscheibe.

Als er an der Reihe war, sagte er: »Wissen Sie, in ein paar Monaten habe ich mein Diplom in BWL. Und dann mache ich mit einem Aufbaustudium weiter.« Ich erwiderte: »Super! Herzlichen Glückwunsch!« Und dann fügte er hinzu: »Und wissen Sie was? Ich hasse BWL. Ich hasse es, mit Zahlen zu arbeiten. Ich hasse es, Kredite und Schulden zu errechnen. Ich habe jede Vorlesung und jede Unterrichtsstunde gehasst, die ich hier hatte! Und wenn ich das Aufbaustudium mache, werde ich daran zu Grunde gehen!« Ich fragte ihn: »Warum machen Sie das dann?«

Und seine Antwort war: »Weil mein Vater will, dass ich sein Unternehmen weiterführe.«

Ich sagte: »Lassen Sie uns mal nicht von Ihrem Vater sprechen. Lassen Sie uns von Ihnen reden. Erzählen Sie mir davon, was Sie gern mit Ihrem Leben anfangen möchten! Wie verbringen Sie Ihre Freizeit? Was haben Sie als Kind und Teenager gerne getan? Was haben Sie mit Ihren Freunden in den Sommerferien unternommen? Welche Zeitschriften lesen Sie? Was war Ihr Lieblingsurlaub?« Er antwortete: »Mein ganzes Leben lang war ich gerne draußen. Im Wald und am Fluss. Ich liebe Tiere. Ich war früher immer beim Fischen und Wandern. Ich habe zu Hause jede Ausgabe meiner Angler-Zeitschrift seit 1965. Meine Sommerferien habe ich in einem Camp mitten in der Natur verbracht ...« Und so ging das weiter, bis ich ihn unterbrach: »Was würden Sie in Wirklichkeit gern mit Ihrem Leben anfangen?« Er schaute mich an, als ob ich eine verbotene Frage gestellt hätte. Also wiederholte ich: »Was würden Sie wirklich gerne tun? Wer möchten Sie sein?« Und er sagte: »Ich wäre gerne ein Wildhüter in den Wäldern! Oder einer, der Freizeiten in der Natur veranstaltet. Irgendetwas draußen, etwas, wo ich in der Natur bin.«

Er redete weiter und ich legte meine Hand auf seine Schulter, wie ich es manchmal tue, wenn ich etwas wirklich Wichtiges mitzuteilen versuche. »Ich wette, das fände Gott wundervoll! Ich wette, Gott wäre begeistert, wenn Sie das tun würden!«, sagte ich. Und dieser große Typ fing an zu heulen. Er brach einfach zusammen und heulte. Ich konnte sehen, dass es für ihn fast unvorstellbar war, dass Gott ihn so sehr lieben könnte, dass er ihn so geschaffen hatte, wie er war, inklusive seiner Wünsche und Träume. Es war für ihn bisher unvorstellbar gewesen, eines Tages seine Interessen beruflich umzusetzen. Aber allein die Hoffnung, dass Gott vielleicht wollte, dass seine

Träume sich erfüllten, ließ Dämme in seinem Herzen brechen.

Ich weiß natürlich auch, dass berufliche Entscheidungen sehr komplex sind und dass die Welt, in der wir leben, nicht alle Möglichkeiten für uns bereithält, die wir uns erträumen. Ich weiß, wie unsere Welt funktioniert. Aber ich glaube auch, dass Gott Möglichkeiten und Wege hat, für uns einen Platz zu finden, wo unsere Interessen zur Geltung kommen. Viele von uns haben irgendein Steckenpferd, etwas, was sie ganz besonders interessiert und motiviert. Und alles, was ich sagen will, ist, dass wir herausfinden müssen, wofür wir uns begeistern können, was uns in der Welt bewegt, damit wir den richtigen Kurs in unserem Leben einschlagen. Je älter ich werde, desto fester bin ich davon überzeugt! Ich glaube immer mehr, dass unsere Vorlieben, Interessensgebiete und Begabungen von Gott in uns hineingepflanzt sind.

Wenn wir unseren Kindern helfen wollen, ihren Weg zu finden, dann müssen wir ihnen möglichst viele Chancen bieten, Dinge auszuprobieren. So können wir beobachten, wie sie sich bei den unterschiedlichen Aktivitäten verhalten, und herausfinden, was sie wirklich gerne tun. Es wäre fatal, wenn wir unseren Kindern nur unsere Hobbys aufdrängen würden. Unsere Art zu leben und unser Berufswunsch müssen nicht das sein, was unseren Kindern liegt und richtig für sie ist. Wir müssen unsere Kinder freigeben. Es ist viel besser, gemeinsam mit ihnen zu entdecken, was sie gerne mögen und welche Gaben sie haben.

Mein Vater wünschte sich sehr, dass ich eines Tages seine Firma, die er mit viel Mühe aufgebaut hatte, weiterführen würde. Aber Gott hatte den Wunsch in mich hineingelegt, als Pastor zu arbeiten. Und eines Tages ging ich in das Büro meines Vaters und sagte: »Papa, mein Herz brennt für etwas anderes als für dein Unternehmen.«

Mein Vater musste sich entscheiden, wie er auf meine Berufswünsche reagieren wollte. Er hatte viel Zeit damit verbracht, die Firma so vorzubereiten, dass mein Bruder und ich sie hätten übernehmen können. Ich danke Gott fast jeden Tag für die Antwort meines Vaters: »Du musst in die Richtung gehen, in die dich dein Herz zieht.« Ich glaube, wenn mein Vater meine Sehnsüchte und Begabungen damals nicht mitgetragen hätte, wäre ich heute kein Pastor. Eine der ersten Sachen, die ich im Himmel tun werde, ist, meinem Vater zu danken, dass ich nicht seinen Wünschen und Lebensträumen folgen musste, sondern meinen eigenen Weg gehen konnte.

Es würde mich am Boden zerstören, falls eines meiner Kinder eines Tages sagen sollte: »Weißt du, Papa, ich habe das Leben gelebt, das du mir vorgeschrieben hast. Aber ich bin nie zu dem Menschen geworden, den Gott sich ausgedacht hatte.« Oder: »Papa, so wie du dachtest, dass ich mein Leben leben sollte, das funktioniert nicht. Und jetzt ist mein Leben halb vorbei, und ich weiß nicht, wie ich es zurückspulen könnte!« Allein bei dem Gedanken an solche Worte bekomme ich Angst.

Ich hoffe, dass meine Kinder eines Tages zu mir sagen werden: »Papa, danke, dass du uns so viele Möglichkeiten geschenkt hast, auszuprobieren, was wir gerne machen. Es war so gut, dass du mit Mama beobachtet hast, was wir am liebsten taten. Danke, dass ihr euch an unseren Gaben gefreut habt und dass wir nicht nach euren Vorstellungen leben mussten. Ihr habt Verständnis für unsere Berufung und unseren Lebensweg, und ihr vertraut Gott, dass er uns gut leiten wird. Danke, dass ihr dieses Risiko eingegangen seid und immer wieder eingeht.«

Ich würde mich sehr freuen, diese Worte eines Tages von meinen Kindern zu hören. Und ich glaube, ich bin nicht der einzige Vater, dem es so geht. Aber damit unsere

Kinder dies einmal zu uns sagen können, müssen wir ihre Interessen, ihre einzigartigen Begabungen und ihre Motivation aufspüren und fördern. Es ist nie zu spät, damit anzufangen.

Kinder unterscheiden sich im Temperament, in den Begabungen und ihrer Berufung und in der Art, wie sie ihre Liebe ausdrücken. Jedes Kind spricht eine andere »Sprache der Liebe«. Ich selbst habe fast zwanzig Jahre gebraucht, um dies zu verstehen. Jeder Mensch drückt Liebe auf eine ganz individuelle Weise aus. Und für jeden Menschen gibt es spezielle Dinge, durch die er sich besonders geliebt fühlt. Es gibt Leute, die sagen zum Beispiel: »Ich bin einer, der umarmt werden will. Wenn ich einen Menschen mag, dann breite ich meine Arme aus und drücke ihn fest an mich. Ich liebe ihn, also umarme ich ihn. Ich brauche Körperkontakt. Das ist meine Sprache der Liebe.« Jemand anderes sagt vielleicht: »Das ist nicht so mein Ding. Wenn ich einen Menschen mag, dann drücke ich das mit Worten aus!« Wieder andere zeigen ihre Liebe, indem sie schöne Geschenke machen. Für sie ist Weihnachten die beste Zeit im Jahr! Sie gehen fast bankrott, aber sie müssen ihre Lieben einfach beschenken! Andere helfen denen, die sie lieben. Diese Menschen sagen vielleicht: »Ich bin kein großer Redner und es fällt mir auch schwer, Leute zu umarmen. Ich packe einfach an, wo Not am Mann ist.« Andere planen tolle Ausflüge für die, die sie lieben. Oder sie widmen den geliebten Menschen den größten Teil ihrer Zeit.

Jeder Mensch hat eine andere Art, seine Liebe auszudrücken. Als Eltern haben wir die Aufgabe, herauszufinden, wodurch unsere Kinder sich besonders geliebt fühlen. Dafür brauchen wir manchmal Jahre des Beobachtens, des Ausprobierens und des Austauschs mit unseren Kindern.

Die bevorzugte Art, Liebe zu empfangen, kann sich außerdem mit der Zeit verändern! Wir müssen also herausfinden, welche »Sprache der Liebe« unsere Kinder am besten verstehen, und dann müssen wir lernen, in dieser »Sprache« zu ihnen zu sprechen. Das ist nicht immer leicht. Für viele Eltern bedeutet das sozusagen, dass sie eine Fremdsprache lernen müssen.

Wenn wir es als Eltern schaffen, die »Sprache der Liebe« unserer Kinder zu erlernen und sie zu gebrauchen, wird eine tiefe Verbindung zwischen uns und unseren Kindern entstehen. Wir dürfen dieses Thema nicht auf die leichte Schulter nehmen und einfach sagen: »Sie müssen doch wissen, dass ich sie liebe. Schließlich sorge ich dafür, dass immer Essen auf dem Tisch steht und sie etwas anzuziehen haben!« Das mag für das eine Kind sogar zutreffen, aber was ist mit dem anderen Kind, das eine andere »Sprache der Liebe« spricht? Was ist mit der Tochter, die nicht glauben kann, dass sie geliebt ist, wenn sie nicht mindestens einmal am Tag fest umarmt wird?! Es gibt viel zu viele einsame Kinder in unseren Familien, die sich unverstanden fühlen, weil niemand »ihre Sprache« spricht.

Da ist zum Beispiel der Sohn, für den es wichtig ist, dass seine Eltern regelmäßig viel Zeit mit ihm verbringen. Seine Eltern können ihn mit Geschenken überhäufen. Sie können ihn umarmen, bis er blau anläuft. Sie können wunderbare Ausflüge veranstalten. Und doch wird er an Liebeshunger sterben, wenn seine Eltern sich nicht die Zeit nehmen, einfach mit ihm zusammen zu sein. Das ist die »Sprache«, die er spricht. Wenn niemand anderes in seiner Familie diese »Sprache« lernt, wird er immer liebeshungrig bleiben.

Es ist an der Zeit, dass wir Eltern neue »Sprachen der Liebe« erlernen! Auch wenn es schwer für uns ist, sie zu verstehen. Wir müssen das Risiko eingehen, uns komisch zu fühlen. Unsere Kinder werden uns dankbar sein, wenn wir lernen, sie so zu lieben, wie sie es verstehen. Gott hat nie Massenproduktionen angefertigt. Jedes Kind ist ein neues Original, mit dem Gott seine Liebe zu uns Menschen feiert. Wir sollten sie mit ihm feiern!

Vor einiger Zeit habe ich ein Buch gelesen, das mich sehr berührt hat. Der Titel dieses Buches heißt: »Dinge, von denen wir wünschen, wir hätten sie gesagt«. In einem Kapitel habe ich einen Brief gefunden, den ein Sohn an seinen Vater schreibt:

»Papa, die Zeiten, an die ich mich am besten erinnern kann, sind die Zeiten, die ich mit dir verbracht habe. Das sind meine Lieblingserinnerungen. Sie haben mich sehr geprägt. Darum schreibe ich dir diesen Brief. Meine Kindheit ist lange vorbei. Ich werde nie wieder Zeit als kleiner Junge mit dir verbringen können. Ich werde nie wieder klein sein, und du wirst mir nie wieder so groß erscheinen wie damals. Aber ich hüte diese Erinnerungen und Geschichten wie einen Schatz. Sie trösten mich, wenn die Welt über mir zusammenbricht, wenn ich das Gefühl habe, auf einmal viel zu alt zu sein, und wenn ich verlernt habe zu staunen. Diese Erinnerungen sind alles, was ich aus meiner Kindheit noch habe. Ich wünschte, wir hätten mehr Zeit zusammen verbracht. Dann hätte ich jetzt mehr dieser Geschichten.

Du hast nicht zu wenig für mich getan. Es wäre niemals genug für mich gewesen. Ich hätte immer noch mehr Zeit mit dir verbringen können. Du warst der Held meiner kleinen Welt. Der Mann, der alle Antworten hatte. Du konntest alles wieder ganz machen. Du hast in Ordnung gebracht, was kaputt war. Es war wie im Märchen.

Wenn du stirbst, Papa, wird das ein schrecklicher Schmerz sein, weil ich mich immer noch auf dich verlasse wie auf niemanden sonst. Aber ich werde zurechtkommen. Denn du hinterlässt mir die Erinnerung an Zeiten mit dir. Und so werde ich dich immer bei mir haben. Ich werde immer wissen, wo ich herkomme und wer ich bin.«

Und dann endet der Brief mit folgender Zeile: »Ich wünschte nur, ich hätte mehr Erinnerungen, denn sie bedeuten alles in der Welt für mich.«

Nicht jeder von uns hat solch einen tröstenden Schatz an Erinnerungen. Oft hatten unsere eigenen Eltern nicht genug Zeit für uns und haben es versäumt, sich mit uns über unsere Einzigartigkeit zu freuen und sie zu fördern. Es ist nicht leicht, unseren Kindern viel Liebe zu schenken, wenn wir selbst von unseren Eltern nicht so geliebt wurden, wie wir es gebraucht hätten. Vielleicht ist es an der Zeit, dass wir Hilfe suchen, um innerlich heil zu werden. Wir können die Trauer um verlorene Wünsche und die Wut, nicht geliebt worden zu sein, zulassen und damit zu Gott gehen und vielleicht auch zu einem Menschen, dem wir vertrauen.

Ein erstes Gebet könnte so lauten: »Mein Vater im Himmel. Es fällt mir schwer, meinen Kindern das zu geben, was sie brauchen, weil ich selbst in meiner Kindheit zu kurz gekommen bin. Ich habe mich immer irgendwie verkehrt gefühlt, weil niemand mir gesagt hat, dass ich ein wunderbarer Mensch bin. Das Temperament meiner Eltern und Geschwister war so anders als meines. Kannst du mir helfen, meinen Charakter als ein Geschenk von dir anzunehmen und mich daran zu freuen? Meine tiefsten Sehnsüchte und auch meine Berufswünsche sind nie gehört worden. Und meine Eltern haben nicht gewusst, wie sie mich lieben können, sodass ich es verstehe. Bis heute tut mir der Gedanke daran weh. Kannst du mich trösten, Vater im Himmel? Kannst du mir zeigen, dass du dich über mich freust? Kannst du mir helfen, meine Sehnsüchte, Hobbys und Interessen neu zu beleben? Hilf mir, indem du mich heil machst, um selbst ein guter Vater/eine liebende Mutter zu werden.«

Unser »inneres Kind« braucht vielleicht noch eine Weile, um heil zu werden. Unsere eigenen Kinder haben wir jedoch nur eine kurze Zeit bei uns. Wie gut wäre es, wenn wir ihnen in dieser Zeit gute und stärkende Erinnerungen für ihr ganzes Leben schenken könnten, wenn das, woran sich unsere Kinder später erinnern werden, Eltern wären, die sie in ihrer Persönlichkeit bestärkt und geliebt haben, die sie ermutigten, ihren Platz im Leben zu finden, ihren eigenen Weg zu gehen, und die ihnen zeigen konnten, dass sie unendlich liebenswert sind. Wie schön wäre es, wenn wir gemeinsam mit unseren Kindern entdecken könnten, wie sehr unser Vater im Himmel uns liebt!

Eltern und ihre Eltern

Vor einigen Jahren führte ein christlicher Radiosender eine Umfrage durch. Das Thema dieser Umfrage lautete: »Was stellt für junge Eltern das größte Problem dar?« Das Ergebnis war verblüffend: 44 Prozent der befragten jungen Paare sagten, die größte Frustquelle für sie sei, dass ihre eigenen Eltern nicht in der Lage seien, sie als erwachsene Kinder loszulassen. Immer wieder mischten sie sich in das Leben ihrer erwachsenen Töchter und Söhne ein.

Selbst wenn der Alltag mit den Eltern oder Schwiegereltern ohne große Schwierigkeiten verläuft, wird das junge Paar oft an den Feiertagen, wenn die Verwandtschaft zu Besuch kommt, von der Familienrealität eingeholt. Solche Familienfeste können zu echten Herausforderungen werden. Mütter und Väter junger Eltern lassen es sich meistens nicht nehmen, ihre »guten Ratschläge« den »Kindern« mit Nachdruck ans Herz zu legen und Probleme, die man vorher schon mit den Eltern hatte, verschwinden nicht einfach mit der Volljährigkeit oder der eigenen Hochzeit.

Da sind zum Beispiel Lissy und Daniel: Frisch verheiratet haben sie die Eltern und Schwiegereltern zu Weihnachten eingeladen. Als Daniel begeistert erzählt, dass sie sich ein neues Auto, einen Honda, gekauft haben, mischt sich sein Vater ein: »Einen Japaner? Zieh nach Tokio, wenn du alles, was aus Japan kommt, so liebst. Gibt es keine ordentlichen einheimischen Autos?« Niemals würde Daniels Vater seine Meinung für sich behalten. Seinem Sohn muss schließlich geholfen werden!

Später am Abend erzählt Lissy ihrer Mutter, dass sie und ihr Mann nur ein Kind bekommen möchten. Ihre

Mutter beginnt daraufhin eine Predigt, die aus lauter »ihr solltet aber doch bedenken, dass ...« und »wenn ich du wäre, dann ...«-Sätzen besteht. Lissy fühlt sich missverstanden und wie ein kleines Kind behandelt. Als das Paar endlich wieder alleine ist, haben sie erst einmal eine Menge für sich zu klären, bis ihre Welt wieder in Ordnung ist. Die Eltern und Schwiegereltern haben während der Feiertage allerhand durcheinander gebracht.

Die meisten Menschen wissen, dass in der Bibel steht: »Ehre deinen Vater und deine Mutter« (2. Mose 20,12). Und doch sagt die Bibel auch, dass junge Menschen ihre Eltern verlassen müssen, um eine eigene Familie zu gründen (1. Mose 2,24). Wer eigenständig werden will, muss sich aus dem Einflussbereich der Eltern entfernen. Wie passt das eine mit dem anderen zusammen? Was bedeutet es, seine Eltern zu ehren?

In einem seiner Bücher beschreibt Dr. Henry Cloud den Prozess der Ablösung: Das Leben aller Kinder beginnt damit, dass ihre Eltern zunächst die volle Kontrolle über ihr Leben haben. Sie sorgen für das Essen und entscheiden, was das Kind anzieht. Die Eltern kontrollieren den Tagesablauf des Kindes und nehmen Einfluss auf alle Aktivitäten. In dieser Phase brauchen Kinder die Führung ihrer Eltern.

Stürmisch wird es in der Pubertät. Dann beginnen die Jugendlichen gegen die Vollmacht der Eltern zu rebellieren und versuchen ihre eigenen Vorstellungen vom Leben durchzusetzen. Jugendliche wollen von ihren Eltern als ebenbürtig behandelt werden. Wenn alles gut läuft, dann werden sie ihren Eltern irgendwann wie gleichberechtigte Freunde in die Augen schauen können.

Eltern müssen lernen, sich zurückzunehmen, damit die Kinder ihren eigenen Weg finden können. Dies geschieht natürlich nicht von heute auf morgen. Weise Eltern werden schon ihren kleinen Kindern angemessene Entscheidungen überlassen, so dass sie mit den Jahren lernen, immer mehr Verantwortung für ihr Leben zu übernehmen, und als junge Erwachsene tatsächlich eigenständig und ihren Eltern ebenbürtig sind.

Wenn Kinder in diesem Prozess die Möglichkeit haben, sich eine eigene Meinung zu den Dingen zu bilden und ihre Vorlieben und Fähigkeiten zu entdecken, werden sie sich als junge Erwachsene sicher fühlen, dass sie das Leben auf ihre Art erfolgreich meistern können. Diese Selbstständigkeit müssen die Kinder allerdings auch selbst wollen! Sowohl die Eltern als auch die Kinder sind in diesem Prozess des Erwachsenwerdens gefragt.

Das klingt in der Theorie sehr einfach. In der Praxis ist aber sehr viel menschliches Versagen im Spiel. Oft können Eltern ihre Kinder nicht freigeben, und die Kinder bleiben bis ins Erwachsenenalter in einem Abhängigkeitsverhältnis zu den Eltern. In manchen Familien zählen die Meinung und die Gefühle der Kinder einfach nicht. Die Eltern sind immer im Recht und versuchen auf alle Entscheidungen der Kinder massiv Einfluss zu nehmen, ob es nun um das Studienfach, die Berufswahl, Glaubensfragen, die Wahl des Ehepartners oder den bevorzugten Wohnort geht. Dieser Drang, alles bestimmen zu wollen, wird nach und nach jede Chance auf eine gesunde Eltern-Kind-Beziehung zunichte machen. Kinder solcher Eltern kommen als Erwachsene oft an einen Punkt, wo sie fast verzweifeln und jegliche Kontrolle abschütteln. Sie wenden sich völlig von den Eltern ab. Andere erwachsene Kinder gehen anders mit dieser Familiensituation um. Sie lassen es zu, dass sich Zorn und Ablehnung in ihrem Inneren anstauen und die Beziehung zu den Eltern vergiften, bis diese Beziehung einen langsamen, qualvollen Tod stirbt. Ob das Ende nun durch einen plötzlichen Bruch oder ein schleichendes

Sterben herbeigeführt wird – die meisten erwachsenen Kinder herrschsüchtiger Eltern haben lieber gar keine Beziehung zu ihren Eltern mehr, als sich weiterhin unterdrücken zu lassen.

Manchmal sind es aber auch die Kinder, die lieber im warmen Nest elterlicher Fürsorge bleiben wollen, statt die Herausforderungen des Lebens anzunehmen. Manche jungen Erwachsenen haben nie gelernt, Verantwortung für ihre Gefühle, ihre Ansichten und ihre Begabungen zu übernehmen. Auch hier entwickelt sich die Eltern-Kind-Beziehung nicht auf gesunde Weise. Eltern solcher Sprösslinge sind oft frustriert, weil ihre erwachsenen Kinder sich viel zu stark von ihnen abhängig machen, und sie wären froh, wenn sie sie irgendwie »über den Nestrand schubsen« könnten.

Wie kann dieser Prozess für beide Seiten gut verlaufen? Die Bibel schlägt uns ein gesundes Modell vor: Eltern und Kinder sollten es gemeinsam anstreben, sich langsam und verantwortungsbewusst aus der einseitigen Abhängigkeit der Kinderjahre zu lösen und zu einer Beziehung zu finden, in der sie sich gleichberechtigt gegenüberstehen. Dann werden erwachsene Kinder ihre Eltern lieben und ehren können, ohne sich von ihnen manipuliert und beherrscht zu fühlen. Und die Eltern werden ihre erwachsenen Kinder schätzen und achten, ohne das Gefühl zu haben, dass eine ungesunde seelische, finanzielle oder sonstige Abhängigkeit vorhanden ist.

Jede Zeit hat so ihre Schlagworte. In den sechziger Jahren waren es »Friede und Liebe«, in den Siebzigern sprach man viel über »den Osten«, in den späten achtziger Jahren war die »Ko-Abhängigkeit« in aller Munde, und das Schlagwort unserer Zeit scheint mir »Grenzen« zu sein. Warum? Ich glaube, es liegt unter anderem daran, dass unsere Gesellschaft inzwischen mit den intimsten Gefühlen schamlos umgeht. Vor dreißig Jahren tat man so, als hätte niemand irgendwelche Probleme. Zumindest redete man nicht darüber! Die wenigsten Menschen wären auf die Idee gekommen, sich jemandem zu öffnen und Hilfe zu suchen.

Auf die Frage, wie es so geht, gaben Männer eine Art Grunzen zur Antwort. Das hieß übersetzt: »Wenn ich ein Problem hätte, würde ich es dir eh nicht sagen. Ich komm klar. Was soll die Frage?!« Vor dreißig Jahren waren Männer hartnäckige Einzelkämpfer.

Wenn Frauen von ihresgleichen gefragt wurden, wie es ihnen geht, war die Standardantwort: »Gut, danke.« Was soviel hieß wie: »Was hast du denn anderes erwartet? Ich hab keine Probleme!« Frauen waren ebenfalls hartnäckige Einzelkämpfer. Vor vierzig Jahren *hatten* wir einfach keine schwerwiegenden Probleme! Es verstand sich von selbst, alles für sich zu behalten.

Heute ist das anders. Man muss nur den Fernseher anmachen, um in einer Talkshow zu erfahren, dass Frau X unter hartnäckigem Fußpilz leidet und Herr Y sich für einen Seelenverwandten von Elvis hält. Menschen erzählen heutzutage so ziemlich alles, und das überall. Es ist modern, schamlos über absolut alles zu reden.

Vor einigen Jahren wurde mir dieser gesellschaftliche Wandel bewusst, als mich eine junge Mutter nach dem Gottesdienst ansprach und mir in allen Einzelheiten schilderte, wie wunderbar es ist, ein Kind zu stillen. Ich stand da und fragte mich insgeheim: »Warum erzählst du mir das? Ich stamme aus einer Zeit, wo man gelernt hat, dass Stillen eine intime Angelegenheit ist. Ich will das alles gar nicht so genau wissen!«

Natürlich ist es gut, dass wir in den letzten Jahren gelernt haben, uns zu öffnen und ehrlich von uns zu erzählen. Wir alle brauchen Freundschaften, in denen dies möglich ist. Aber inzwischen fallen wir auf der anderen Seite vom Pferd. Während vor dreißig, vierzig Jahren niemand über Persönliches sprach, werden wir heute täglich mit intimen Äußerungen von Menschen überhäuft, die wir überhaupt nicht kennen! Was sollen wir mit all diesen Informationen und Gefühlen anfangen? Manchmal frage ich mich, wie stark mich all das – auch das Leid und Elend – eigentlich berühren sollte, das ich zu sehen und zu hören kriege?! Wir müssen in der Lage sein, Grenzen zu setzen, wenn wir nicht ersticken wollen!

Dasselbe gilt für die Beziehung zwischen Eltern und Kindern. Müssen wir, wenn wir unsere Eltern ehren wollen, auf jede Angst, jedes Gefühl, jeden Wunsch und jede Erwartung reagieren? Und müssen Eltern jedes Mal herbeispringen und ihre Kinder retten, wenn diese um Hilfe schreien? Ist es die Pflicht christlicher Eltern, jedem Bedürfnis und jedem Wunsch ihrer Kinder zu entsprechen? Sowohl Eltern als auch Kinder müssen Grenzen ziehen können, wenn ihre Beziehung gesund bleiben soll.

Grenzen definieren unsere Beziehungen und zeigen an, wann das Ich aufhört und das Du anfängt. Nur wer Grenzen ziehen kann, ist auch in der Lage, gesunde Beziehungen zu leben.

Grenzen erlauben uns, enge, verletzliche Beziehungen zu Familienangehörigen und Freunden aufzubauen, ohne das sehr wichtige Gefühl zu verlieren, dass wir unabhängig von ihnen eine eigene Persönlichkeit darstellen.

Grenzen helfen denen, die schwächer sind, damit sie nicht von dominanten Menschen überrannt werden. Grenzen ermöglichen es einem erwachsenen Sohn, zu sagen: »Papa, ich liebe dich. Und ich finde es in Ordnung, dass du europäische Autos den japanischen vorziehst. Aber komm doch wenigstens mit in die Garage und sieh dir unseren neuen Honda an. Er muss dir nicht gefallen.

Du hast ihn ja nicht gekauft. Aber ich bin sehr froh, dass wir dieses Auto haben. Ich mag es nämlich.«

Es gibt Menschen, die nicht damit umgehen können, dass ihre Kinder, Eltern oder Freunde eine andere Meinung als sie haben. Sie fangen an zu schmollen und verbreiten für den Rest des Tages schlechte Laune. Dann ist es hilfreich zu wissen, dass dies ihre und nicht unsere Gefühle sind. Wenn also der Vater beleidigt ist, weil seine Vorliebe für Autos nicht ausschlaggebend für den Autokauf war, kann sich der Sohn sagen: »Das ist Papas Problem. Ich habe einen Job und genügend Geld für das Auto. Ich habe mich schlau gemacht und verglichen und bin der Überzeugung, dass dieses Auto für unsere Familie geeignet ist. Ich werde mich nicht schuldig fühlen und mir von seiner schlechten Laune den Tag verderben lassen. Wenn Papa beleidigt sein will, muss er das mit sich alleine ausmachen.«

Die junge Frau, deren Mutter es missbilligt, dass sie und ihr Mann nur ein Kind bekommen wollen, könnte zum Beispiel so reagieren: »Mama, ich finde es toll, dass du dich entschieden hast, sechs Kinder zu bekommen. Ich bin mir sicher, dass du dir viele Gedanken darüber gemacht hast, was gut für dich und deine Familie ist. Ich habe selbst mit meinem Mann überlegt, wie viele Kinder für unsere Situation angemessen sind. Wir haben unsere Finanzen, unser Alter und unsere Lebenssituation angeschaut. Wir haben zusammen gebetet. Und wir sind zu dem Schluss gekommen, dass ein Kind für uns richtig ist. Du kannst uns nicht umstimmen. Das ist unsere Entscheidung.« Und wenn sich die Mutter nun ausgeschlossen und schlecht behandelt fühlt? Dann muss die Tochter ihre Grenzen kennen. Dies ist das Problem ihrer Mutter. Sie braucht kein schlechtes Gewissen dafür zu haben, dass sie und ihr Mann eigenständige Entscheidungen fällen.

Es ist nicht unsensibel oder egoistisch, unsere Grenzen zu wahren, wenn ein anderer Mensch uns seine Gefühle aufdrücken will. Vielmehr zeichnet es einen erwachsenen Menschen aus, dass er zwischen »mein« und »dein« unterscheiden kann und sich dagegen wehrt, wenn die inneren Grenzen von anderen überschritten werden. Diese Grenzen gelten für alle Beziehungen, für die Beziehung zwischen Eltern und Kindern, zwischen Freunden, zwischen Ehepartnern, zwischen Pastor und Gemeinde und zwischen Chef und Angestellten.

»Grenzen« ist zwar ein Schlagwort der heutigen Zeit, aber die Idee, die dahintersteckt, finden wir schon in der Bibel: Als Jesus zwölf Jahre alt ist, sind seine Eltern mit ihm in Jerusalem. Auf dem Heimweg wird Jesus vermisst. Seine Eltern müssen ihn suchen und können ihn schließlich im Tempel, in ein Gespräch mit Rabbis vertieft, ausfindig machen. Als Josef Jesus zur Rede stellt, erinnert Jesus seine Eltern daran, dass er eine eigene Berufung hat und dass sein Leben Gott geweiht ist. Jesus entwickelt eine eigenständige Persönlichkeit. Schon als Zwölfjähriger verteidigt er seine Grenzen sanft, aber bestimmt (Lukas 2,41-52).

Jahre später sagt Jesus zu seinen Jüngern: »Wer sich mir anschließen will, muss bereit sein, mit Vater und Mutter zu brechen, ebenso mit Brüdern und Schwestern ...« (Lukas 14,26). Heißt das, Jesus war gegen Familienstrukturen, gegen Beziehungen zwischen Eltern und Kindern? Nein, ganz bestimmt nicht. Jesus spricht hier erwachsene Kinder an, und was er ihnen sagen will, ist Folgendes: »Wer sich mir anschließen will, muss wissen, was er selbst glaubt. Als Erwachsene müsst ihr in der Lage sein, eure eigenen Standpunkte zu vertreten, selbst wenn eure Eltern und Geschwister anderer Meinung sind. Fragt eure Eltern und Freunde um Rat. Hört ihnen gut zu. Aber am Ende entscheidet eigenverantwortlich. Ihr seid keine kleinen Kinder mehr. Ihr seid groß und erwachsen. Große Menschen müssen große Entscheidungen selbst treffen.«

Jesus erinnert seine Jünger daran, dass sie am Ende ihres Lebens vor dem heiligen Gott stehen und ganz allein die Verantwortung für ihr Leben tragen werden. Für jeden Einzelnen gilt: »Du wirst eines Tages alleine Verantwortung für deine Entscheidungen übernehmen müssen und dich nicht hinter deinen Eltern verstecken können. Also steh auf deinen eigenen Füßen! Du hast das Recht und die Pflicht, über deine Finanzen, Freunde und dein geistliches Leben selbst zu entscheiden.« Jesus sagte den erwachsenen Kindern: »Nun lebt auch als Erwachsene!«

Kurz bevor seine Zeit auf der Erde zu Ende geht, macht Jesus seinem Jünger Petrus Mut, Gott immer treu zu bleiben, selbst wenn dies bedeuten sollte, dass er leiden muss (Johannes 20,18-23). Petrus wird ein bisschen mulmig zumute. Er sieht Johannes, einen anderen Jünger, und fragt Jesus: »Und was ist mit ihm? Wird er auch leiden müssen?« Jesus antwortet daraufhin: »Petrus, was geht dich das an? Folge du mir! Lebe dein Leben, triff deine Entscheidungen und lass Johannes sein Leben leben!« Man könnte auch sagen, dass Jesus Petrus erinnert: »Es gibt Grenzen, Petrus! Dein Leben ist nicht das von Johannes! Sei du erwachsen und lass Johannes erwachsen sein.« Gesunde Grenzen zu setzen ist ein Thema, das in der Bibel immer wieder vorkommt. Dies ist nur ein Beispiel von vielen.

Als ich neunzehn Jahre alt war, stand ich vor einer wichtigen Entscheidung. Ich habe dies schon öfter erzählt: Mein Vater wünschte sich, dass ich sein Unternehmen weiterführen sollte, aber ich spürte, dass dies nicht meine

Aufgabe war. Ich wollte Pastor werden. Also nahm ich all meinen Mut zusammen und sagte zu meinem Vater: »Papa, ich weiß, dass du hoffst, ich würde die Firma übernehmen. Aber Gott ruft mich zu etwas anderem.« Damals habe ich gespürt, dass mein Vater sehr enttäuscht und mit meiner Entscheidung nicht einverstanden war. Darüber war ich nicht gerade glücklich. Mir bedeutete die Anerkennung meines Vaters sehr viel. Seine Ablehnung gegenüber meinen Berufswünschen zu spüren, ließ mich innerlich schwanken.

Ich erinnere mich daran, dass ich mich nach diesem ersten Gespräch wie der einsamste Mensch auf der ganzen Erde fühlte. »Was soll ich bloß tun?«, fragte ich mich. Tief innen spürte ich, wie Gott zu mir sagte: »Folge mir. Gehorche mir. Dies ist dein Leben und es ist deine Entscheidung, was du mit diesem Leben anfängst. Wenn dein Vater dies nicht gut findet, dann ist das sein Problem. Du trägst die Verantwortung für deine Entscheidungen. Sei du selbst, vertraue und folge mir.«

Einige Tage später sprach ich noch einmal mit meinem Vater. Diesmal war ich innerlich gefestigter und sagte: »Papa, es kann sein, dass du lange Zeit nicht gut findest, was ich beruflich mache. Aber ich werde trotzdem dazu stehen.« Auch wenn es meinem Vater schwer fiel, meine Entscheidung zu akzeptieren, hat er dennoch gelernt zu sagen: »Wenn es das ist, was du für richtig hältst, dann tu es.« Dafür bin ich ihm sehr dankbar.

Als Neunzehnjähriger habe ich auf Gott und auf mein Herz gehört. Ich hatte außerdem das Glück, dass mein Vater bereit war zu lernen, dass ich meinen eigenen Weg gehen musste. Es gibt im Leben immer wieder Entscheidungen, bei denen es darum geht, Verantwortung für uns selbst zu übernehmen. Ich habe manche Kämpfe gewonnen und andere verloren.

Ich könnte aber genauso gut von zehn Erfahrungen berichten, wo ich anderen Menschen erlaubt habe, über mein Leben zu bestimmen und meine Grenzen zu überschreiten, weil ich nicht stark genug war, für mich selbst einzustehen.

Da, wo wir Menschen am nächsten stehen, in unseren Familien und Freundschaften, aber auch im Beruf und in der Gemeinde, ist es wichtig zu lernen, wie wir gesunde Grenzen setzen können. Diese »Grenzkämpfe« können manchmal sehr aufreibend sein. Da ist es eine große Hilfe, wenn wir Menschen haben, die uns unterstützend zur Seite stehen, Freunde, die uns Mut machen, auf das zu hören und das zu tun, was wir vor Gott als richtig empfinden.

Wenn wir in unseren Familien lernen, Grenzen zu akzeptieren, wenn wir lernen, dass jeder Mensch einen eigenen Weg, eine eigene Berufung, eigene Begabungen, Vorlieben und Abneigungen hat, wird sich gerade hier die Vielfalt Gottes widerspiegeln. Verletzte Grenzen führen zu Einsamkeit und Bitterkeit. Gesunde Grenzen fördern die gegenseitige Wertschätzung und Achtung.

Was braucht ein Kind, um seelisch gesund aufzuwachsen?

Vielleicht geht es nur mir so, aber ich habe das Gefühl, dass ich jedes Mal, wenn ich eine Zeitschrift in die Hand nehme oder den Fernseher anschalte, etwas über einen weiteren Durchbruch in der Gentechnik höre oder lese. Die Wissenschaft arbeitet mit Hochdruck auf diesem Gebiet, und man fragt sich manchmal, wohin das alles noch führt! Ob es eines Tages möglich sein wird, Kinder auf Wunsch und nach eigenem Design produzieren zu können? Vielleicht gibt es in zwanzig Jahren einen Neckermann-Hochglanzkatalog mit farbigen Kindermodellen und dazugehörigen Beschreibungen, so dass potentielle Eltern sich nur für ein Modell entscheiden müssen und dieses dann bestellen können? So bekämen sie genau das Kind, das sie haben möchten und das perfekt in die Familie passt.

Das ist vielleicht ein bisschen übertrieben, aber ich frage mich trotzdem, ob wir an diesem Punkt nicht manchmal in die falsche Richtung denken. Wenn wir uns wirklich Gedanken um die Kinder der Zukunft machen, sollten wir vielleicht lieber überlegen, wie man Eltern neu gestalten, neu programmieren oder neu konstruieren kann. Ja, vielleicht sollten wir darüber nachdenken, wie man Eltern so verändern kann, dass sie in der Lage sind, genau jene Kinder liebevoll zu erziehen, die Gott ihnen schenkt. Dann könnten unsere Kinder vielleicht zu seelisch gesunden und heilen Kindern heranwachsen. Vielleicht brauchen wir eher einen Neckermann-Katalog für spezielle elterliche Fähigkeiten?!

Falls solch ein Katalog existieren würde und ich die

Möglichkeit hätte, daraus vier Fähigkeiten zu bestellen, die ich in der Kindererziehung für unabdingbar halte, würde ich auf jeden Fall die Bestellnummern der folgenden Gaben aufschreiben:

- Erstens, die Fähigkeit, meinen Kindern ein gesundes Selbstwertgefühl zu schenken.
- Zweitens, die Fähigkeit, meinen Kindern zu vermitteln, dass sie begabt sind und Dinge erreichen können.
- Drittens, die Fähigkeit, meinen Kindern zu zeigen, wie man Beziehungen pflegt.
- Viertens, die Fähigkeit, meinen Kindern geistliche Wahrheiten zu vermitteln und so ein gutes Fundament für ihr Leben zu legen.

Wenn ich also nur vier elterliche Fähigkeiten aus dem fiktiven Katalog aussuchen dürfte, wären es diese. Es gibt sicherlich noch andere Dinge, die Eltern bei der Erziehung helfen. Wenn man aber lernen könnte, wie man das eigene Kind vor seinem dreißigsten Lebensjahr zum Millionär macht, würde mich das nicht sonderlich interessieren. Auch die Anleitung, wie man ein Kind zu akademischen Graden befähigt oder auf eine Hauptrolle am Broadway vorbereitet, halte ich für eher nebensächlich. Ich glaube, diese vier von mir genannten elterlichen Fähigkeiten sind grundlegend, wenn man Kindern helfen will, reife, seelisch gesunde und heile Menschen zu werden – bereit, der Welt und der Ewigkeit zu begegnen.

Es kann also nicht schaden, sich diese vier Fähigkeiten im Einzelnen anzusehen.

Es ist in den letzten zwanzig Jahren viel darüber geredet worden, wie man Kindern helfen kann, ein gesundes Selbstwertgefühl zu entwickeln. Vielleicht wurde sogar so viel darüber diskutiert, dass manche Eltern glauben, dies sei nur eine Modeerscheinung, eine Welle in der Kindererziehung, die kommt und auch wieder geht, irgendein Psycho-Tamtam, viel Lärm um nichts.

Nichts kann weiter von der Wahrheit entfernt sein. Eines der wichtigsten Dinge, die wir unseren Kindern mitgeben können, ist, sie davon zu überzeugen, dass sie in dieser Welt zählen. Dass sie für uns, für andere Menschen und für Gott von Bedeutung sind. Dass sie einzigartig, wichtig und so wertvoll sind, dass man sie niemals ersetzen könnte. Unsere Kinder müssen wissen, dass sie Respekt verdienen und ihre Ehre von niemandem verletzt werden darf. Ihre Gedanken und Gefühle, ihre Zweifel und Ängste sind wichtig, und es ist sinnvoll, darüber zu reden. Unsere Kinder sind liebenswert. Sie müssen wissen, dass sie wertgeschätzt sind.

Sollte ich jemals vergessen, wie wichtig es für Kinder ist, geliebt zu werden, muss ich nur einen Brief aus meinem Schreibtisch hervorholen und ihn wieder lesen. Es ist der Brief eines achtjährigen Jungen, der Robbie heißt. Es gibt ihn tatsächlich. Er wuchs bei Eltern auf, die ihn nicht liebten. Ständig bekam er zu hören, dass er nichts wert und ein schlechtes Kind sei und dass er es nie zu etwas bringen würde. Als die Ehe seiner Eltern zerbrach, glaubte Robbie, er sei daran schuld. Als Achtjähriger schrieb Robbie seinen Eltern diesen Brief:

»Liebe Mama, lieber Papa,

es tut mir Leid, dass ich euch so traurig mache! Es tut mir so Leid. Ich bin schlecht. Es tut mir Leid. Ich bin nicht gut. Vielleicht würdest du, Papa, Mama lieben, wenn ich nicht leben würde. Es tut mir Leid. Es ist meine Schuld. Also werde ich sterben.

Ich liebe euch. Robbie

P.S.: Teddy ist bei mir. Es macht ihm nichts aus, dass ich schlecht bin. Er liebt mich auch so.«

Nachdem Robbie diesen Brief geschrieben hatte, schluckte er eine ganze Packung Aspirin und legte sich mit seinem Teddy in den Armen hin, um zu sterben.

Zum Glück wurde Robbie gerettet und medizinisch behandelt. Aber er musste lange Zeit in einer psychiatrischen Klinik bleiben. Was hat einen Achtjährigen so verzweifeln lassen, dass er sich das Leben nehmen wollte? Das überwältigende Gefühl, dass es egal war, ob er existierte oder nicht. Mehr noch, dass er ein Problem und Störfaktor für seine Eltern war. Das Gefühl, nichts wert zu sein, belastete Robbie so sehr, dass er lieber sterben als leben wollte.

Als Eltern sollten wir niemals unterschätzen, wie sehr unsere Kinder geliebt werden wollen. Sie sehnen sich danach, von uns zu hören, dass sie wertvoll sind. Ganz unabhängig vom Alter unserer Kinder ist es so wichtig, ihnen ein gutes Selbstwertgefühl zu vermitteln, dass wir das nie unterbewerten oder herunterspielen dürfen.

Wie kann es uns gelingen, ihnen dieses Selbstwertgefühl zu vermitteln? Durch drei Dinge: Worte, Blicke, Berührungen. Das müssen wir uns immer wieder neu bewusst machen: Durch Worte, Blicke und Berührungen zeigen wir ihnen, dass wir sie lieben!

Ein Freund von mir schrieb vor kurzem: »Als Eltern besitzen wir so viel Macht. Wir können unsere Kinder allein mit Worten aufbauen oder zerstören. Meine Eltern«, so erzählte er in seinem Brief, »haben mich mit Worten kaputtgemacht. Ich habe Jahre an Zeit und Unsummen von Geld für Therapien gebraucht, um heil zu werden. Sollte Gott mir jemals Kinder schenken, kannst du darauf wetten, dass sie von mir ständig Lob und Anerkennung bekommen werden!« Als Eltern können wir unseren Kindern nicht oft genug sagen, wie wertvoll sie sind. Fünfhundert Mal, tausend Mal und vieltausend Mal ist bei weitem nicht zu oft!

»Dennis, Daniela, ihr seid mir so wichtig. Ich kann gar nicht sagen, wie glücklich ich bin, euch zu haben. Hört ihr? Ich liebe euch!« – »Micha, du bist ein wunderbares Kind. Ich bin so stolz darauf, dass du mein Sohn bist!« – »Sara, du schenkst mir so viel Freude. Es ist noch viel schöner, eine Tochter zu haben, als ich es je geglaubt habe!« – »Jakob, wenn ich mir ein Kind selbst zusammenbauen könnte, dann hätte ich einen Jungen gebastelt, der deine Größe hat, dein Haar und deine Augen. Und mit so starken Armen wie deinen. Ein Kind, das genauso gerne herumrennt wie du. Ich würde einen Jungen haben wollen, der genau wie du lacht und weint, der dein Temperament hat und genau so ans Leben herangeht, wie du es tust. Jakob, aus tausend Kindern würde ich mir dich aussuchen. Ich bin ganz vernarrt in dich, meinen Sohn, Jakob!«

Worte sind unglaublich mächtig. Kinder können nicht oft genug hören, wie sehr wir sie lieben.

Vor kurzem kam meine Mutter für eine Woche zu uns zu Besuch. Während dieser Zeit nahmen wir sie zu einem Konzert in unserer Gemeinde mit. Ich hatte an diesem Konzertabend eigentlich nur für zwei Minuten etwas von der Bühne zu sagen. Keine große Sache für mich. Aber als ich von der Bühne herunterkam und mich im Dunkeln wieder neben meine Mutter setzte – vermutlich hatten alle anderen schon wieder vergessen, was ich gesagt hatte –, lehnte sich meine Mutter herüber und sagte: »Das war wunderbar!« Diese zwei Minuten waren für sie der wertvollste Teil des Konzerts!

In unserer Gemeinde finden am Wochenende mehrere Gottesdienste statt, in denen ich jeweils dieselbe Predigt halte. Als meine Mutter zu Besuch war, hörte sie sich die Predigt nicht nur am Samstagabend an, nein, sie kam auch am Sonntag in den Frühgottesdienst und hörte sie ein zweites Mal. Danach überlegte sie, ob sie nicht auch noch den Elf-Uhr-Gottesdienst besuchen und die Predigt ein drittes Mal anhören sollte! Und ich freute mich darüber wie ein Kind. Auch wenn ich längst erwachsen bin, tut es mir immer noch gut, anerkennende Worte von meiner Mutter zu hören!

Die Bibel erzählt uns, dass bei der Taufe Jesu eine Stimme vom Himmel kam, die Stimme des Vaters, und sie sagte: »Dies ist mein Sohn, und ich liebe ihn. Dies ist mein geliebter Sohn!« (Lukas 3,22)

Genau wie Worte die Macht haben, das Selbstwertgefühl unserer Kinder zu stärken, ist es auch mit Blicken. Blicke können ungeheuer viel vermitteln. In Willow Creek gibt es einen Footballspieler, dessen Blicke seine Gegner im Spiel gewaltig einschüchtern. Aber dieselben Augen spiegeln ganz andere Dinge wider, wenn er mit seiner Frau bei einem festlichen Essen im Kerzenschein sitzt. Dann sieht man darin nichts Erschreckendes, sondern Freude und Zärtlichkeit und eine tiefe Liebe zu seiner Frau. Und wenn unser Footballspieler seine Kinder auf dem Arm hält, dann strahlen seine Augen vor Freude und Stolz. Manchmal kichern seine Kinder vor Vergnügen, weil sie an den Blicken ihres Vaters spüren, wie lieb er sie hat. Sie wissen, dass ihr Vater total vernarrt in sie ist. Er muss ihnen das noch nicht mal ständig sagen. Manchmal reicht es einfach schon, dass sie die Liebe in seinen Augen sehen.

Liebevolle Blicke können das Selbstwertgefühl eines Menschen ungeheuer stärken. Sie können sich als dauerhaftes Bild in den Köpfen unserer Kinder festsetzen und sie ein Leben lang begleiten. Ein gesundes Selbstwertgefühl kann also durch Worte und durch Blicke aufgebaut werden – und durch Berührungen.

Vor allem Väter müssen lernen, dass Umarmungen für

ihre Kinder unendlich wichtig sind. Und das nicht einmal in der Woche, sondern täglich! Mit kleinen Kindern kann man wunderbar durch die Wohnung jagen, bis man sich zerzaust, aber glücklich in die Arme fällt. Bei uns zu Hause nannten wir dieses Überschütten mit Liebe und Zärtlichkeit »Kuschelattacke«. Immer wenn meine Kinder diesen »Achtung! Kuschelattacke«-Blick in meinen Augen sahen, rannten sie lachend und vor Freude quietschend weg. Aber sie sorgten immer dafür, dass ich sie dann doch zu fassen bekam!

Natürlich verändert sich die Art, wie man Kinder berührt, wenn sie älter werden. Doch unabhängig vom Alter der Kinder können Eltern ihnen immer mit einer sanften Berührung oder einer festen Umarmung das Gefühl geben, wertvoll zu sein. Wenn sie ihnen auf diese Weise Zuneigung und Anerkennung vermitteln, können die Kinder lange davon zehren. Und wie viele Kinder würden alles dafür geben, nur ein einziges Mal umarmt zu werden!

Die erste Herausforderung, der wir begegnen, wenn wir Kinder haben, ist, ihnen ein starkes Selbstwertgefühl zu geben. Für liebevolle Worte, Blicke und Berührungen ist es nie zu spät!

Die zweite Herausforderung besteht darin, unseren Kindern Selbstvertrauen zu vermitteln. Es ist wichtig, dass Kinder wissen, dass sie wertvoll sind. Aber es ist genauso wichtig, dass Kinder lernen, dass sie selbst Dinge bewegen können. Selbstwertgefühl hat damit zu tun, dass man als Mensch einen Wert besitzt, Selbstvertrauen dagegen, dass man als Mensch etwas leisten kann. Ein Kind, das seelisch gesund sein soll, braucht beides. Es machte mich sehr besorgt, als ich vor einiger Zeit von Eltern hörte: »Unser kleiner Andreas war das größte Geschenk für uns. Wir sagen ihm das immer wieder. Er ist neun Jahre alt. Er kann nicht gut lesen oder schreiben. Er verhaut eine Klassenarbeit nach der anderen. Aber wir sagen ihm immer wieder, dass er unser kleiner Schatz ist, egal, wie seine Leistungen in der Schule aussehen.«

Wenn ich so etwas höre, denke ich bei mir: »Klein Andreas mag ja ein gutes Selbstwertgefühl haben, aber eines Tages wird er feststellen, dass das allein nicht ausreicht, um ein Diplom zu erlangen.« Ein Gefühl für den eigenen Wert allein hilft uns noch nicht durchs Abitur, durch die Ausbildung oder am Arbeitsplatz. Ein starkes Selbstbild ist kein Ersatz für die Miete, die monatlich gezahlt werden will. Gute Eltern wissen, dass sie ihrem Kind irgendwann beibringen müssen, dass auch gute Leistungen wichtig sind. Kinder müssen lernen, dass die Welt, in der wir leben, in bestimmten Bereichen ein gewisses Maß an Fertigkeiten erwartet. Wenn wir Geld verdienen und unsere Rechnungen bezahlen wollen, dann müssen wir auch etwas leisten.

Ich glaube, es ist am besten, die Begabungen unserer Kinder schon früh zu entdecken und zu unterstützen. Wenn man die Biographien von sehr fähigen und einflussreichen Menschen liest, wird man feststellen, dass sie meistens von ihren Eltern schon sehr früh in ihren Begabungen und Fähigkeiten gefördert wurden. Ich möchte allerdings nicht missverstanden werden. Es geht mir hier nicht um ehrgeizige Eltern, die ihre Kinder ohne Ende antreiben!

Dennoch ist es eine Tatsache, dass es Kindern gut tut, wenn ihre Eltern sich die Zeit nehmen, zusammen mit ihnen zu lernen und ihnen zu helfen, sich im sportlichen, schulischen, handwerklichen, musikalischen, künstlerischen oder häuslichen Bereich zu betätigen. Und wenn Eltern ihren Kindern genügend Möglichkeiten geben, das Gelernte anzuwenden und zu vertiefen, es auszuprobieren, Fehler zu machen und daraus zu lernen, dann entwickeln Kinder im Lauf der Zeit eine innere Zufriedenheit, weil sie etwas erreicht haben. Und irgendwann werden diese Kinder sagen: »Wenn ich gut zuhöre, wenn ich Unterricht nehme und übe, wenn ich dran bleibe und nicht aufgebe, dann kann ich einiges erreichen! Vielleicht werde ich kein Star. Aber ich spiele mit und bin dabei! Ich bin vielleicht nicht schneller und besser als andere, aber mit der Zeit schaffe ich es.« Diese Art von Selbstgespräch zeugt von Selbstvertrauen und der Gewissheit, mit den eigenen Fähigkeiten Ziele erreichen zu können. Unseren Kindern dies beizubringen ist ungemein wichtig.

Meine Frau Lynne und ich nahmen vor einiger Zeit einen kleinen Hundewelpen bei uns auf, und dieser Welpe brachte das Chaos in unser Haus. Wir lernten daraus und kauften einen Pfosten für den Garten, um den Hund daran anzubinden. Unsere Überlegung war, dass der Welpe in unserem Haus nicht mehr so viel Schaden anrichten würde, wenn er die meiste Zeit draußen verbrächte. Ich bat unseren Sohn Todd, den Pfosten draußen einzurammen. Währenddessen wollte ich das Auto waschen. Todd arbeitete dreißig Sekunden lang daran, den Pfosten in die Erde zu treiben. Dann befand er den Boden für zu hart und kam zu mir herüber, um mir zu sagen, dass das Projekt gescheitert sei. Ich hielt dies für eine gute Gelegenheit, ihm etwas über die Erweiterung der eigenen Fähigkeiten beizubringen.

Also sagte ich zu Todd: »Todd, irgendwann wirst du herausfinden, dass fast alles in unserer Welt hart ist. Ich meine, ich lebe jetzt schon eine Weile auf dieser Erde, und zu diesem Schluss bin ich gelangt. Fast alles, was ich anfange, ist erst einmal schwierig oder komplizierter, als ich zuerst gedacht habe. Der Boden ist härter, als wir angenommen haben. Aber in unserer Welt muss man Entscheidungen treffen. So wie du jetzt. Entweder gibt man einfach auf, weil der Boden zu hart ist, oder man findet einen neuen Weg, bleibt an dem Problem dran und sucht nach Lösungen. Ich gebe dir jetzt den Auftrag: Bring diesen Pfosten in den Boden! Und wenn du den ganzen Tag dafür brauchst!«

Todd sagte: »Okay, Dad. Okay.« Also wandte ich mich wieder dem Auto zu und beobachtete, wie Todd einen ziemlich großen Schraubenschlüssel aus der Garage holte. Er fing an, mit dem Schraubenschlüssel auf den Pfosten zu hauen. Der ging bei jedem Schlag ungefähr einen halben Zentimeter tiefer in die Erde. Nach einer Weile zog Todd seine Jacke aus, dann seinen Pullover. Und er schlug immer weiter und hämmerte regelrecht auf den Pfosten ein. Er brauchte gut zwanzig Minuten, um ihn in die Erde zu rammen. Als er mit der Arbeit fertig war, rief er mich, damit ich mir die Sache angucken konnte. Aber mein Blick war mehr auf Todd als auf den Pfosten gerichtet. Sein Gesicht strahlte vor Zufriedenheit. Er hatte es geschafft! Er hatte einen Weg gefunden, den Pfosten in die Erde zu schlagen! Er hatte nicht einfach aufgegeben! Klar, dass ich nicht an Lob sparte.

Ich hoffe und bete, dass meine Kinder an innerer Sicherheit zunehmen und dass sie neue Herausforderungen meistern können. Ich werde immer neue Aufgaben für sie suchen, an denen sie wachsen können. Ich wünsche ihnen, dass sie sich in vielen Bereichen des Lebens bewähren. Und wenn sie scheitern, werde ich ihnen aufhelfen und ihnen Mut machen, es noch einmal zu versuchen. Wir sollten als Eltern niemals unterschätzen, wie wichtig es für unsere Kinder ist, dass sie echtes Selbstvertrauen gewinnen und ihre Fähigkeiten ausbauen.

Es gibt eine dritte Herausforderung, wenn wir Kinder zu seelisch gesunden Menschen erziehen wollen: Wir müssen ihnen beibringen, wie Beziehungen zu anderen Menschen gelingen können. In den letzten dreißig Jahren hat die Menschheit atemberaubende technologische Fortschritte gemacht. Wir bauen bessere Computer, schnellere und komfortablere Autos und leistungsstärkere Raketen. Ironischerweise sind aber unsere Fähigkeiten, Freundschaften zu gründen und zu erhalten, in den letzten Jahren immer mehr verkümmert. Überall in der westlichen Welt zerbrechen Beziehungen. Familien leben gar nicht oder nur in zerrütteten Verhältnissen zusammen. Das Fernsehprogramm und unzählige Computerspiele tragen ihren Teil dazu bei, dass eine Generation von beziehungsunfähigen Kindern heranwächst.

Kinder, die nie gelernt haben, herauszufinden, was sie wirklich fühlen, können dies auch niemandem mitteilen. Es gibt so viele Jugendliche, die nicht wissen, wie sie positive oder negative Gefühle konstruktiv ausdrücken können, und die keine Ahnung haben, was sie tun sollen, wenn eine wichtige Beziehung zerbricht. Wir sind dabei, eine Generation von jungen Menschen heranzuziehen, die nicht wissen, wie Beziehungen funktionieren. Das ist auch zum Teil die Erklärung dafür, warum Jugendliche sich immer früher in sexuelle Aktivitäten stürzen. Wenn sie mit jemandem vom anderen Geschlecht zusammen sind, wissen sie nicht, was sie anderes mit ihm oder ihr anfangen sollen!

Diese Jugendlichen haben nie gelernt, wie man sich über tiefer gehende Themen unterhält, sie haben nie gelernt, ein Gespräch zu suchen, das sie wirklich berührt. Sie wissen nicht, wie man ein festes Fundament für eine tiefe Freundschaft legt. Und sie haben keine Ahnung, wie man eine Freundschaft wiederherstellen kann, wenn sie zu zerbrechen droht. Die Zahl der Menschen, die sich von flimmernden Fernsehbildern abstumpfen oder von Drogen betäuben lassen, ist rekordverdächtig. Weil so viele junge Menschen nicht mehr wissen, wie sie echte Freunde finden können, suchen sie Befriedigung in flüchtigen sexuellen Beziehungen, die möglicherweise ein Leben lang Narben in ihrer Seele hinterlassen.

Es gibt verschiedene Wege, wie wir unseren Kindern helfen können, beziehungsfähig zu werden und zu bleiben. Erstens können wir sie immer wieder herausfordern, sich über ihre eigenen Gefühle klar zu werden. Anstatt nur zu fragen: »Wie ist deine Mathearbeit ausgefallen?«, könnten wir uns darüber hinaus erkundigen: »Wie fühlst du dich nach der Fünf in der Arbeit? Haben die anderen dumme Bemerkungen gemacht? Hast du dich geschämt, als du die Arbeit wiederbekommen hast?« Oder: »Wie ist das mit der Drei plus? Bist du glücklich damit? Oder eher frustriert? Hast du dich mit deinen Freundinnen verglichen?«

Wir fragen oft nur: »Wie war's in der Schule?« und geben uns dann mit einem »Ganz okay« zufrieden. Wir könnten aber auch weiter fragen: »Hast du heute etwas erlebt, was du nicht so schnell vergessen wirst? Gab es etwas, worüber du sehr glücklich warst? Und was hat dich traurig gemacht? Warst du ärgerlich? Worüber? Ist etwas Aufregendes passiert? Wie ist die Probe für das Musical gelaufen, das ihr aufführen wollt? Wie war die Schülerbibelgruppe?«

Statt uns mit einem Satz als Antwort zufrieden zu geben, könnten wir unsere Kinder auffordern: »Erzähl mir doch, was dich bewegt hat. Wie hat dir der Schulgottesdienst gefallen? Was machen deine Freunde zurzeit? Versteht ihr euch gut?«

Wenn man damit anfängt, solche Fragen zu stellen, ist es normal, dass die Kinder erst einmal nicht wissen, wie sie darauf antworten sollen. Es fällt ihnen schwer, ihre

Gefühle zu beschreiben. Man muss Kindern besonders am Anfang dabei helfen. Man kann ihnen zum Beispiel einige Worte vorschlagen, die das ausdrücken, was sie vielleicht fühlen, und sie beim Erzählen ermutigen. Dann fällt es ihnen leichter, zu sagen, wie es ihnen geht. Aber solche Gespräche werden unseren Kindern für ihr ganzes Leben helfen, Beziehungen zu pflegen.

Genauso hilft es ihnen, wenn auch wir von unseren Gefühlen sprechen. »Heute war kein besonders schöner Tag. Ich habe mich über einige Kollegen geärgert. Außerdem hatte ich Stress mit meinem Chef. Ich war ganz schön sauer.« Es ist so wichtig, davon zu reden, was man erlebt hat und wie es einem damit geht! Gefühle müssen wahrgenommen und eingeordnet werden, und unsere Kinder sollten lernen, dass sie diese Fähigkeit für ihr Leben brauchen.

Zweitens hilft es unseren Kindern, wenn wir ihnen vorleben, was man tun kann, wenn es in einer Beziehung zu Schwierigkeiten und Verletzungen kommt. Vor einiger Zeit hatten meine Frau Lynne und ich eine Phase, in der wir uns sehr intensiv mit unserer Ehe beschäftigten. Einer der Auslöser dafür war das fünfzehnjährige Jubiläum von Willow Creek, das wir kurz zuvor gefeiert hatten. Dieser Tag rief einige wunderbare Erinnerungen an die Anfangszeit unserer Gemeinde hervor. Aber es gab auch schmerzhafte Erinnerungen an Dinge, die wir falsch gemacht hatten. Und so redeten wir intensiv über das, was in der Gemeinde und in unserer Ehe passiert war.

Einmal waren wir mitten in einer ernsten Unterhaltung, als unser Sohn Todd ins Zimmer gehüpft kam, um zu sehen, wo wir steckten und was wir gerade so taten. Und kaum, dass er uns im Gespräch sah, fragte er: »Redet ihr einfach nur so? Oder REDET ihr?« Und wir sagten zu ihm: »Eben mussten wir mal miteinander REDEN. Aber jetzt unterhalten wir uns nur noch ein bisschen. Komm, setz dich zu uns!«

Lynne und ich haben beschlossen, unseren Kindern nicht zu verschweigen, dass wir in unserer Ehe manchmal ernsthaft miteinander REDEN müssen. Wir wollen ihnen klarmachen, dass es in jeder Beziehung auch schwere Zeiten gibt. Dass es manchmal kompliziert wird, gehört dazu. In jeder Beziehung kommt es zu Verletzungen und Missverständnissen. Wir versuchen aber auch, unseren Kindern vorzuleben, was man in einem solchen Fall am besten tut: sich nicht in die Ecke setzen und schmollen, sondern miteinander reden. In der Bibel steht, dass es gut ist, wenn man sich zusammensetzt und offen und ehrlich über das redet, was einen verletzt hat, sodass die Beziehung wieder heil werden kann (Matthäus 18,15). Unsern Kindern beizubringen, wie man Konflikte löst und Freundschaften erhält, ist eines der größten Geschenke, das wir ihnen machen können.

Vor einigen Jahren hatte Shauna Probleme mit den Freundinnen in ihrer Clique. Ich habe sehr bewundert, wie Lynne erst mit Shauna und dann mit einer ihrer Freundinnen geredet hat. Lynne machte mit beiden ein Treffen aus, damit sie sich gemeinsam über die Probleme unterhalten konnten. Das taten sie, und die Freundschaft war gerettet. Ich glaube, dieses Erlebnis wird Shauna nicht vergessen.

Wenn wir unseren Kindern beibringen, wie man Freundschaften pflegt, werden sie in ihrem Leben tiefe Beziehungen entwickeln können. Wir bereiten sie so auf ihre ersten festen Freundschaften vor, auf ihre Ehe, auf die Beziehungen am Arbeitsplatz, in der Gemeinde und in der Nachbarschaft. Und dies wird sogar Auswirkungen darauf haben, ob und wie unsere Kinder anderen Menschen die Liebe Gottes mitteilen. Wir sollten also jede Möglichkeit nutzen, unseren Kindern zu zeigen, wie man positive Beziehungen lebt. Das Abendessen könnte zum Beispiel zu einer Zeit werden, in der sich die Familie offen über das unterhält, was gerade ansteht. Oder die Zeit, wenn die Kinder ins Bett gebracht werden. Oder ein Frühstück mit einem Kind alleine, damit es einmal ehrlich sagen kann, was es fühlt, damit es zu Wort kommt und gehört wird.

Kinder, die seelisch gesund aufwachsen, bekommen Liebe und Annahme vermittelt. Sie lernen, Lösungen für schwierige Aufgaben zu finden und sich selbst etwas zuzutrauen. Sie finden nach und nach Wege, über ihre Gefühle zu reden und Freundschaften zu leben.

Bleibt der vierte Wunsch für unsere Kinder: ein geistliches Fundament, das ihr Leben trägt. Denn was für einen Sinn hat es, sich mit großer Geschwindigkeit fortzubewegen, wenn man nicht weiß, wohin es geht? Es ist möglich, dass Eltern sich viele gute Gedanken machen, ihren Kindern ein gesundes Selbstwertgefühl vermitteln, ihnen helfen, mit Herausforderungen fertig zu werden und tiefe Beziehungen zu pflegen. All dies schenkt den Heranwachsenden einen enorm guten Start ins Leben. Dennoch muss auch gefragt werden: Welches Ziel verfolgen sie mit ihrem Leben? Welche Richtung schlagen sie ein? Wo geht es hin? Es kann gefährlich werden, sich mit großer Geschwindigkeit fortzubewegen, wenn Richtung und Ziel nicht klar definiert sind.

Wer Kinder zu seelisch gesunden Erwachsenen erziehen will, darf niemals die geistliche Realität ihres Lebens außer Acht lassen. Niemals! Es ist in unserer fortschrittlichen Welt modern, liberal und aufgeschlossen zu sein. »Ich werde meinen Kindern doch nicht vorschreiben, was sie zu glauben haben. Sie sollen es ohne unseren elterlichen Einfluss herausfinden« – so denken viele Eltern.

Das klingt gut. Modern. Pluralistisch. Relativistisch und sehr, sehr tolerant. Eltern, die sich an diese Weltsicht halten, unterläuft jedoch ein großer Fehler. Es ist für Kinder unmöglich, in einer Umwelt aufzuwachsen, die frei von Wertungen ist!

Jedes Kind, egal, wie zurückhaltend seine Eltern mit religiöser Beeinflussung sein mögen, wird tagtäglich mit Informationen bombardiert, die ihm Lebenswerte vermitteln. Man braucht nur den Fernseher anzuschalten. Innerhalb weniger Stunden flimmern Hunderte von Szenen über die Mattscheibe, in denen es im Grunde um Werte und Maßstäbe geht. Das Fernsehen vermittelt konkrete Vorstellungen über Moral, über Ethik, über Sexualität, über den Wert des Geldes und über die Macht der Liebe und des Hasses. Ein Kind, das diese Bilder sieht, wird zu entsprechenden Schlussfolgerungen kommen. Oder es geht zu einem Nachbarkind zum Spielen. Das Kind der Nachbarn wird davon erzählen, was es richtig und gut findet, und was es für doof und dumm hält. Auch und gerade wenn unsere Kinder in der Schule sind, werden sie im Biologieunterricht zwar von der Evolution hören, aber nichts über einen Schöpfer. Sie werden etwas über Sexualgewohnheiten und Kondome lernen und darüber, dass man alles relativ sehen muss. Es gibt nirgendwo eine Umgebung, die frei von Werten wäre!

Also müssen wir uns wohl eher die Frage stellen: »Wer vermittelt unseren Kindern welche Werte?« Allein schon dadurch, dass sie auf diesem Planeten herumlaufen, werden unsere Kinder Werte »aufschnappen« und übernehmen. Aber werden es gute Werte sein? Wer wird unseren Kindern Fragen wie diese beantworten: Woher komme ich? Was passiert, wenn ich sterbe? Woher weiß ich, was richtig und was falsch ist? Warum lebe ich? Warum gibt es diese Welt, auf der wir leben?

Wir können die geistliche Dimension nicht ignorieren, wenn wir unseren Kindern helfen wollen, seelisch gesunde Menschen zu werden. Wenn unsere Kinder mit großer Energie in die falsche Richtung laufen, weil die Antworten auf ihre Lebensfragen nicht tragfähig sind, werden sie Verletzungen erleiden. Die Bibel bittet Eltern inständig, in liebender, natürlicher und kreativer Art und Weise ihren Kindern geistliche Wahrheiten zu vermitteln.

Die Bibel sagt uns aber nicht, dass wir unsere Kinder mit militärischem Drill und harter Disziplin zum Glauben erziehen sollen. Wir werden auch nicht dazu ermutigt, einen Glauben vorzuleben, der verklemmt und wenig lebensfroh ist. Das haben viele Eltern vor uns getan, mit dem fragwürdigen Erfolg, dass ihre Kinder rebelliert und sich vom Glauben abgewandt haben. In einer der wichtigsten Stellen über Kindererziehung in der Bibel steht sinngemäß: »Redet zu Hause über Werte; redet darüber, wenn ihr unterwegs seid, wenn ihr euch hinlegt und wenn ihr wieder aufsteht« (5. Mose 6,7). Das heißt also, als Eltern sollen wir alle Lebenssituationen nutzen, um unseren Kindern die richtigen Werte zu vermitteln. Wenn wir nah an unseren Kindern dran sind und wissen, wie es ihnen im Alltag geht, dann können wir auch mit ihnen gemeinsam geistliche Wahrheiten erkennen und auf das Leben anwenden.

Praktisch heißt das zum Beispiel, sich zu den Kindern vor den Fernseher zu setzen und zu versuchen, die subtilen Botschaften der Sendungen herauszuhören. Wir können mit den Kindern darüber sprechen und sie fragen: »Wie fandet ihr das? Diese Sendung hat gezeigt, dass es o.k. ist, jede Menge Alkohol zu trinken. Die Bibel sagt aber, wir sollen uns nicht betrinken. Was findet ihr besser? Und habt ihr gesehen, die sagen auch, es ist in Ordnung, die Tür zuzuknallen und abzuhauen, wenn man

Streit mit dem Freund hat. In der Bibel steht, wir sollen lieber versuchen, zusammen den Streit zu meistern, und uns vergeben. Was denkt ihr? Wer ist schlauer, Gott oder die Leute im Fernsehen?«

Wie oft kommt es vor, dass wir uns im dichten Verkehr über jemanden ärgern! Es braucht uns nur jemand zu schneiden und wir hupen wie verrückt, schütteln die Faust und belegen den Fahrer des anderen Wagens mit den schlimmsten Schimpfwörtern. Wie wäre es, wenn wir dann mit dem Wagen an den Straßenrand fahren und zu unserem Sohn im Auto sagen würden: »Was du gerade erlebt hast, war nicht die Reaktion eines Menschen, der mit Gott lebt. Es war die Reaktion eines Menschen, der die Kontrolle über sich verloren hat und nicht auf den Heiligen Geist gehört hat. Ich hatte gerade kein weites Herz. Mein Herz war sehr klein und eng. Was meinst du, was hätte ich besser machen sollen? Kannst du mir helfen? Was hätte Gott besser gefallen? War es schlecht, dass ich mich geärgert habe? – Nein. War meine Reaktion falsch? – Ja.«

Jesus hat viele Lebenssituationen genutzt, um seinen Jüngern etwas beizubringen. Er hat auf einen Vogel gezeigt, auf einen Baum oder auf eine wilde Blume auf dem Feld, und dann fasste er anhand ihrer gemeinsamen Beobachtung eine wichtige geistliche Wahrheit in Worte. Das waren Beispiele, an die sich die Jünger erinnerten. Kein militaristischer Drill, sondern kreativer Anschauungsunterricht: »Seht ihr den kleinen Spatzen? Da, ganz oben auf dem Baum! Seht ihr? Wenn der jetzt ganz plötzlich vom Baum fallen würde – Gott, der Vater würde es wissen und es würde ihn berühren. Guckt ihn euch gut an. Ich kann euch sagen, dass ihr Gott noch viel mehr wert seid als dieser kleine Spatz. Also, wenn ihr euch heute Abend schlafen legt, dann macht euch keine Sorgen. Gott weiß, was euch bewegt und womit ihr zu kämpfen habt. Macht euch niemals Sorgen, ob Gott sich um euch kümmert. Er kümmert sich um euch. Und jedes Mal, wenn ihr einen Spatzen seht, dann erinnert euch daran, dass Gott auf euch aufpasst und er als euer himmlischer Vater für euch sorgt« (nach Matthäus 6,25-34).

Wenn wir als Eltern mit unseren Kindern durchs Leben gehen und Gott von ganzem Herzen, aus tiefster Seele und mit all unserer Kraft lieben, müssen wir nichts weiter tun, als Beobachtungen über das Leben anstellen. Dann gewinnen geistliche Wahrheiten im Leben unserer Kinder an Bedeutung. Es erstaunt mich immer wieder, wie offen Kinder dafür sind, wenn man so mit ihnen redet und lebt!

Meinem Vater lag das Lehren nicht besonders, und ich kann mich nicht erinnern, dass er mir jemals größere Erklärungen zu einer Bibelstelle abgegeben hätte. Manche Eltern sind dagegen hervorragende Lehrer und können das Bibellesen für ihre Kinder sehr spannend machen. Es ist wunderbar, wenn das gelingt. Und trotzdem hat mein Vater mir wichtige geistliche Wahrheiten für mein Leben beigebracht.

Als ich damals in seinem Unternehmen mitarbeitete, kam es zu einer Begebenheit, die meinen Umgang mit Geld für mein gesamtes Leben geprägt hat: Mein Vater und ich fuhren eines Tages zu einer Farm, die uns gehörte. Wir hatten zwei, drei schlechte Jahre gehabt. Das Wetter war schlecht und die Ernten waren mager gewesen. Alle Bauernhöfe in der Region hatten eine schwere Zeit. Wir kamen an einem Hof vorbei, vor dem ein nagelneuer teurer Ford parkte. Und ich staunte: »Der Bauer muss aber richtig reich sein!« Mein Vater erwiderte: »Billy, dieser Bauer schuldet jedem in dieser Region Geld. Er hat über die letzten Jahre immer nur Geld verloren und steht kurz vor dem Bankrott. Die Leute, die ihn pfänden lassen wollen, stehen schon meilenweit Schlange!« – »Aber warum hat er dann das Auto gekauft?«, wollte ich wissen. »Ich weiß es nicht, Billy«, sagte mein Vater. »Aber das ist nicht Gottes Weg für uns. Es ist nicht gut, Schuldenberge anzuhäufen. Wir lassen uns nicht von Werbung verführen. Gott wird dadurch geehrt, dass wir im Rahmen unserer finanziellen Möglichkeiten leben. Guck dir diesen Ford noch mal gut an. Und dann merk dir: Das alles ist nur trügerischer Schein. Eine Lüge.«

Ich kann mich jetzt noch an die Farbe des Autos erinnern. Und daran, wie ich mich fühlte, als mein Vater mir die Wahrheit über den Bauern erzählte. Mein Vater meinte es gut mit mir, das konnte ich spüren. Ich musste mich nicht gegen diese geistliche Wahrheit auflehnen, denn sie wurde mir mit Liebe und Weisheit und ganz im Sinne Gottes weitergegeben. Später haben Lynne und ich immer im Rahmen unserer finanziellen Möglichkeiten gelebt. In den ersten Jahre meiner Pastorenzeit war mein Gehalt so gering, dass wir kaum über die Runden kamen. Aber Gott hat mir durch den Ford etwas beigebracht und mich durch diese Lektion gesegnet.

Es leuchtet ein, dass wir Eltern jede Situation beim Schopf ergreifen sollten, unseren Kindern etwas von Gottes Welt zu erzählen. Dabei kann die Kinderarbeit einer gesunden Gemeinde unterstützend und ergänzend wirken. Unseren Kindern zuliebe sollten wir nicht versäumen, in den Gottesdienst zu gehen, damit sie regelmäßig an den Kindergottesdiensten teilnehmen können.

Als Eltern stehen wir vor der Herausforderung, unseren Kindern ein gutes geistliches Fundament für ihr Leben mitzugeben, ihnen ein gesundes Selbstwertgefühl und ein starkes Vertrauen in ihre eigenen Fähigkeiten zu vermitteln und ihnen beizubringen, wie man Beziehungen pflegen kann.

Wenn wir ehrlich mit uns sein wollen, können wir uns vielleicht folgende Fragen stellen: »Wie sind wir als Eltern? Was denken unsere Kinder über uns? Vermitteln wir ihnen, dass sie wertvoll sind? Haben unsere Kinder gelernt, nicht gleich aufzugeben? Haben sie gelernt, auch Krisen in Freundschaften durchzuhalten? Wie steht es mit dem geistlichen Fundament? Was können wir ändern oder besser machen?«

Wir können als Eltern zusammen mit unseren Kindern neu aufbrechen, zu dem spannenden Experiment, lebenslang voneinander und von Gott zu lernen.